Helena Harrysson
Traut euch, Eltern zu sein

Helena Harrysson

Traut euch, Eltern zu sein

Vom Abenteuer, Familie zu leben

Mit
Illustrationen
von Patrick
Wirbeleit

BELTZ

Titel der schwedischen Originalausgabe:
Våga vara vuxen – bli en bra förälder
© 2009 by Helena Harrysson
Das Werk erschien erstmals 2009 bei Alfabeta Bokförlag, Stockholm

Wichtiger Hinweis
Die im Buch veröffentlichten Ratschläge wurden mit größter Sorgfalt und
nach bestem Wissen von der Autorin erarbeitet und geprüft. Eine Garantie
kann jedoch weder vom Verlag noch von der Verfasserin übernommen
werden. Die Haftung der Autorin bzw. des Verlages und seiner Beauftragten
für Personen-, Sach- oder Vermögensschäden ist ausgeschlossen. Wenn Sie
sich unsicher sind, sprechen Sie mit Ihrem Arzt oder Therapeuten.
Das Werk und seine Teile sind urheberrechtlich geschützt. Jede Nutzung
in anderen als den gesetzlich zugelassenen Fällen bedarf der vorherigen
schriftlichen Einwilligung des Verlages. Hinweis zu § 52 a UrhG: Weder
das Werk noch seine Teile dürfen ohne eine solche Einwilligung einge-
scannt und in ein Netzwerk eingestellt werden. Dies gilt auch für Intranets
von Schulen und sonstigen Bildungseinrichtungen.

www.beltz.de

1. Auflage

Alle Rechte der deutschsprachigen Ausgabe
© 2010 Beltz Verlag, Weinheim und Basel
Umschlaggestaltung: Büro Hamburg
Umschlagabbildung: © plainpicture/Johner; © plainpicture/Folio Images
Illustrationen: © Patrick Wirbeleit
Layout und Herstellung: Nancy Püschel
Satz: Druckhaus »Thomas Müntzer«, Bad Langensalza
Druck und Bindung: Beltz Druckpartner, Hemsbach
Printed in Germany

ISBN 978-3-407-85914-3

Inhalt

Vorwort

Auch wenn du schon Mutter oder Vater bist, ist es nicht selbstverständlich, dass du dich der Aufgabe gewachsen fühlst. Vielleicht bist du dir nicht sicher, wie du deinem Kind begegnen sollst. Mit Kindern zusammenzuleben ist eine lebenslange Liebesgeschichte mit all der Dramatik, die dazugehört. Gleichzeitig ist es eine fantastische Gelegenheit, reifer zu werden und dich zu trauen, erwachsen zu sein.

In Schweden gehen die meisten Kinder ab einem Alter von ca. einem Jahr in eine Kindertagesstätte, später zur Schule und in den Hort. Die vorschulischen Einrichtungen gelten als pädagogisch wertvoll und sollen als Ergänzung zur Erziehung in den Familien funktionieren. Es sind dennoch die Eltern, die die Verantwortung für die Erziehung und die Entwicklung ihrer Kinder tragen.

Ich habe viele Eltern kennengelernt, die sich Sorgen machen, ob ihre Kinder in ihrer Entwicklung benachteiligt sind, wenn sie in der Vorschulzeit die meiste Zeit zu Hause verbringen. Daraufhin habe ich ihnen geraten, sich eher zu fragen: »Was kann ich tun, damit unser Zuhause ein optimaler Ort für meine Kinder und ihre Entwicklung wird?« Vor ein paar Tagen, als ich das abschließende Kapitel für dieses Buch schrieb, konnte ich meine Enkelkinder vor ihrem Zuhause beobachten. Es war ungefähr zehn Uhr vormittags.

Die beiden Schwestern, sechs bzw. drei Jahre alt, trugen ihre langen Nachthemden und Gummistiefel. Ich hörte, wie sie redeten und lachten, und ich sah, dass sie weiße Anemonen im Garten pflückten. Nach einer Weile klingelte es an meiner Tür, und als ich aufmachte, standen die Mädchen dort und streckten mir je einen großen Blumenstrauß entgegen.

»Möchtest du Blumen kaufen?«, fragte die Ältere.

»Wenn du einen Strauß kaufst – er kostet 20 Kronen«, fuhr sie fort.

»Ja, o.k.«, antwortete ich. »Und was kostet es, wenn ich beide kaufe?«

Die Schwestern sahen sich verwundert an, und dann sagte die Jüngere: »Wenn du beide kaufst, kostet es wohl fünf Kronen.«

Nach einigen Minuten der Verhandlung hatte ich dann beide Blumensträuße für zehn Kronen gekauft. Die Mädchen liefen kichernd zurück zu ihrem eigenen Haus, und ich hörte, wie ihre Mama rief: »Das Frühstück ist fertig!«

Als ich die Anemonen in eine kleine Vase gestellt hatte, dachte ich an die beiden Kinder und daran, wie gut es ihnen geht, wenn sie zu Hause sind. Wie schön es ist, an einem gewöhnlichen Mittwoch von selbst aufzuwachen, in Nachthemden nach draußen zu gehen, schöne Blumen zu pflücken, mit Oma zu reden, ein kleines Taschengeld zu verdienen und zu frühstücken, wenn man so richtig hungrig ist. Genau das fördert die Entwicklung der Kinder und lässt sie gedeihen. Besonders wenn auch Mama oder Papa finden, dass das Leben zu Hause mit den Kindern einfach schön ist. Mit diesem Buch möchte ich dich inspirieren, damit du als Mutter oder Vater in eurem Zuhause in einer positiven Umgebung gute Beziehungen zu deinen Kindern wachsen lassen kannst. Ich werde dir außerdem Wege zeigen, wie du als Mensch auch selbst wachsen kannst, während du deinen Kindern beim Großwerden hilfst.

Mein Buch umfasst die Zeit von der Geburt bis zum Erreichen des Teenageralters. Wenn das Teenageralter erst einmal seinen Lauf genommen hat, fängt eine ganz neue Geschichte an, die lang genug ist, um ein eigenes Buch zu füllen.

Ich möchte euch das vermitteln, was ich selbst als Mutter von sechs Kindern, als Oma, als Pädagogin, als Kindertagesstätten- und Schulleiterin und außerdem als Begleiterin und Coach gelernt und verstanden habe.

Lass dich inspirieren, aber denke daran, dass kein Buch dir sagen kann, was gerade jetzt, in diesem Moment, für dich und deine Kinder das Richtige ist. Höre immer auf deinen eigenen Verstand und dein eigenes Herz.

Helena Harrysson

Mama und Papa –
die Großen

Früher war alles besser!

Ich habe ein Schwarz-Weiß-Foto aus den 1950ern, auf dem meine ganze Familie aufgereiht nebeneinandersteht und alle sehr ernst in die Kamera schauen. Papa trägt einen Hut, Jackett, Hemd, Krawatte und eine frisch gebügelte Hose, Mama einen kleinen Hut, Jacke, Bluse, Handschuhe und ein eng anliegendes Trachtenkleid. Sie hält eine hübsche Handtasche fest an den Körper gedrückt. Wir Schwestern tragen helle, ärmellose Leinenkleidchen, Kniestrümpfe und die Haare sind glatt gekämmt mit großen weißen Schleifen.

Es ist nicht zu übersehen, es ist ganz deutlich: Hier stehen zwei Erwachsene und drei Kinder. Die Eltern sehen alt und verantwortungsvoll aus. Als ich die Jahreszahl auf der Rückseite der Karte entdecke, muss ich feststellen, dass die *alten* Eltern nicht einmal dreißig Jahre alt sind.

Aber für uns Kinder bestand gar kein Zweifel, dass diese beiden Erwachsenen mit den Hüten das Sagen hatten und dass wir auf sie hören mussten. Erwachsene sahen wie Erwachsene aus, und Kinder sahen wie Kinder aus. Die Grenzen waren deutlich. In dieser Hinsicht war es früher besser.

Aber war es wirklich besser?

Wie haben sie sich gefühlt, da drinnen in den feinen Klamotten? Waren sie die Ruhe selbst und wussten immer, wie sie sich verhalten mussten, damals während der Kindheit ihrer drei Töchter? Waren ihre Liebe und ihre Fähigkeit, mit der Elternrolle umzugehen, genauso stark und robust wie ihre edlen Lederschuhe? Oder waren sie unsicher, ängstlich oder gar von Panik ergriffen der unfassbar großen Verantwortung gegenüber, die sie beide gemeinsam auf sich genommen hatten?

Zu dieser Zeit war es in aller Öffentlichkeit erlaubt, Kinder zu kränken, zu erniedrigen, zu manipulieren und sogar zu schlagen. Als Eltern konnte man die eigene Überlegenheit nutzen und mit den Methoden, die man aus der eigenen Kindheit kannte, den Kindern Grenzen setzen. Einige waren in liebevoller, warmer und großzügiger Fürsorge aufgewachsen. Andere nicht.

Heute ist es nicht erlaubt, Kinder nach eigenem Gutdünken zu behandeln. Aber gleichzeitig fragen sich viele: »Ist es den heutigen Kindern denn erlaubt, sich Erwachsenen gegenüber so zu verhalten, wie es ihnen gerade in den Sinn kommt?« Das Pendel schwingt zurück.

Was können wir daraus lernen?

Wenn ich mir das Foto heute anschaue, merke ich, wie Trauer und Wärme zugleich in mir aufsteigen. Ich sehe, wie zwei sehr junge und unvorbereitete Menschen sich als Erwachsene ausstaffiert haben, um die vielleicht schwierigsten Rollen ihres ganzen Lebens zu spielen – die der Mutter und des Vaters.

Ich glaube, dass sie wie wir alle versuchten, ihr Bestes zu geben. Jede Elterngeneration hat ihre ganz eigenen Herausforderungen, die es zu verstehen und anzupacken gilt. Kein Mensch vor mir hat in genau diesem Augenblick, in dem ich mich jetzt befinde, Kinder großgezogen. Unsere Gedanken, Ideen, Lebensumstände und -einstellungen verändern sich laufend. Vor nur hundert Jahren wurden viele der Kleinen nicht als Familienmitglieder gezählt, bevor sie mindestens fünf Jahre alt geworden waren. Bis dahin ging es nur darum, dass sie irgendwie überlebten. Man fragt sich, was die Mütter und Väter damals gedacht und gefühlt haben mögen.

Heute wissen wir, dass die allermeisten Kinder die ersten fünf Jahre überleben werden. Und sie überleben nicht nur. Sie wachsen, lernen, suchen Herausforderungen, streiten, spielen und fordern unsere Zeit und ihren ganz eigenen Platz in der Gesellschaft. Die Forschung und unsere Erfahrungen zeigen, dass die ersten Jahre im Leben eines Menschen ausschlaggebend für seine Fähigkeiten sind, wenn es darum geht, sich weiterzuentwickeln und das Leben zu genießen.

Genau wie die Kraft aus der Wurzel eine Blume in voller Schönheit blühen lässt, kann man als Erwachsener Kraft aus dem schöpfen, was man als Kind empfangen hat.

Es ist herrlich und unheimlich zugleich, sich selbst im Spiegel zu betrachten und einsehen zu müssen, dass man vielleicht zu der allerersten Elterngeneration gehört, der die Bedeutung der Kindheit *bewusst* ist. Schwindelerregende Möglichkeiten und eine riesengroße Verantwortung!

Ich bin Mutter von sechs Kindern

Tobias bekam ich mit meinem ersten Ehemann, Lina und Måns mit dem zweiten und Kristin, Oskar und Nelly mit dem dritten, mit dem ich seit vielen Jahren zusammenlebe.

Mein ältestes Kind wurde 1972 geboren und mein jüngstes 1991. Ich habe ein Enkelkind, das 1995 geboren wurde, und drei weitere, die nach 2000 zur Welt kamen. Ich habe eine Reise durch die Zeit und viele Erfahrungen gemacht. Erst war ich die ängstliche und unsichere Teenagermama, die dachte, dass alle anderen Eltern es viel besser wussten und konnten. Später die selbstsichere Mutter, die alles wusste und konnte und immer recht hatte. Und schließlich wurde ich die ältere Mama, die eingesehen hat, dass sie nichts weiß, die aber trotzdem verstanden hat, dass es vor allem um bewusste, bedingungslose Liebe und deutliche Kommunikation geht.

Den größten Teil meines beruflichen Lebens habe ich in verschiedenen Bereichen mit Eltern und Kindern gearbeitet. Als Pädagogin, Beraterin, Coach und Rektorin habe ich viele Eindrücke gesammelt, wie die Wirklichkeit für die Eltern von heute aussehen kann.

Ganz besonders erinnere ich mich an einen Morgen, als ein verschlafener Vater von drei Kindern an meine Tür klopfte. Ich war damals die Leiterin eines Kindergartens, und er hatte dort seine drei Kinder in verschiedenen Gruppen. Er war in der Einrichtung allen bekannt, da er im Ort ein erfolgreiches Unternehmen mit vielen Angestellten leitete.

Als er sich mir gegenüber hingesetzt hatte, brach es mit einer gewissen Verzweiflung aus ihm heraus: »Chef von über hundert Angestellten zu sein und täglich die Verantwortung für Millionenbeträge zu haben ist nichts, gar nichts verglichen damit, verheiratet zu sein und die Verantwortung für drei Kinder zu tragen!«

Als Geschäftsführer der Firma war er daran gewöhnt, erfolgsorientiert zu arbeiten und die Kontrolle über Produktion und Personal zu haben. Als er versuchte, zu Hause mit denselben Methoden vorzugehen, erzielte er keinerlei Fortschritte.

»Heute hatte ich geplant, schon vor einer halben Stunde

hier im Kindergarten zu sein. Ich habe in der Firma gleich eine wichtige Besprechung, die ich noch vorbereiten muss. Aber was macht man, wenn der jüngste Bengel sich weigert, seine Schuhe anzuziehen, sich unter den Küchentisch verkriecht und nur noch schreit?«, sagte er erschöpft.

An einem anderen Morgen, kurz nach den Sommerferien, brachte eine junge Mutter, Betriebswirtin, ihren zweijährigen Sohn mit einem Seufzer der Erleichterung in unsere Einrichtung.

»Endlich sind die Ferien vorbei«, sagte sie. »Zu Hause zu sein ist mindestens genauso anstrengend, wie zur Arbeit zu gehen. Aber auf der Arbeit habe ich zumindest einen Chef, der mich wahrnimmt und mich auch mal lobt. Dort bekomme ich von den anderen ein Feedback für das, was ich mache.«

Sie war eine Frau, die daran gewöhnt war, für ihre Tätigkeiten gut bezahlt und für ihre Leistungen anerkannt zu werden. Zu Hause musste sie sich allein um alles kümmern, ohne dass jemand bemerkte, wie gut sie war. Es war eine große Herausforderung für sie. Verträumt fuhr sie fort: »Ich würde mir wünschen, dass ich zu Hause im Flur ganz viele liebe Menschen hätte, die jedes Mal, wenn ich etwas Gutes mache, begeistert hüpfen und applaudieren!«

Kleine Kinder nehmen keine Rücksicht auf unsere Leistungen oder Aufopferungen. Sie sind vollkommen damit beschäftigt, sich um ihre eigenen Bedürfnisse zu kümmern, damit diese möglichst schnell zufriedengestellt werden. Ganz zu Recht wollen sie sichergehen, dass sie einen ganz eigenen Platz in der Welt haben. Es ist ihnen einfach unmöglich, auch noch daran zu denken, wie Mamas und Papas Bedürfnisse aussehen! Genau deshalb ist die Elternrolle vielleicht der schwierigste

Balanceakt überhaupt. Du musst den Kindern geben, was sie brauchen, und gleichzeitig deine eigenen Bedürfnisse beachten. Und es gibt keine einfache Gebrauchsanweisung oder Vorgehensweise, die für alle gilt und der du folgen könntest.

~

Nein, früher war es nicht besser.

Es sah nur anders aus.

Wir beschäftigen uns mit denselben Fragen, jetzt wie damals.

Und immer noch kennt keiner die richtigen Antworten.

Vermutlich versteht niemand deine Kinder besser als du.

~

Plötzlich muss ich die Bedürfnisse eines anderen Menschen zufriedenstellen!

Das Kind in mir

»Es kam wie ein Schock für mich. Solange er in meinem Bauch heranwuchs, konnte ich alles noch irgendwie kontrollieren. Aber als er dort neben mir lag und schrie, fühlte ich, wie sowohl lähmende Angst als auch intensive Zärtlichkeit in mir aufstiegen.«

Von diesen komplexen und manchmal widersprüchlichen Gefühlen haben viele Eltern mir berichtet.

»Mein Gott, was will er bloß? Wie soll ich nur wissen, ob ich ihm das gebe, was er wirklich braucht? Und was soll ich mit meinen eigenen Bedürfnissen anstellen?«

Das Schreien eines Säuglings schafft es, durch alles Vernunftbezogene und all die Vorstellungen, die wir von uns selbst und unserer Umwelt haben mögen, einfach hindurchzugehen. Es kann dich mit voller Wucht in den Bauch treffen und einen vibrierenden Sturm der Gefühle auslösen, der deinen ganzen Körper durchzieht.

Das Kind gibt natürlich keine Antworten auf meine Fragen. Die Worte fehlen ihm, ich weiß. Und doch kann ich mir meiner eigenen Reaktion gegenüber völlig ratlos vorkommen: eine selige Mischung aus Ungeduld, Reizbarkeit, Wärme, Verständnis, Wut, Liebe, Unruhe, Freude und Ohnmacht. Selbst bin ich ja erwachsen und lebe schon so lange in der Welt der Worte und der Gedanken, dass ich längst vergessen habe, wie man in der anderen Welt kommuniziert und sich gegenseitig versteht. In dieser anderen Welt, in der sich das Sehen, das Hören, das Schmecken, das Riechen und das Fühlen mit dem nackten, unverstellten und unerschöpflichen Bedürfnis, verstanden zu werden, verbinden.

Für das Kind ist es ganz natürlich, die eigenen Gefühle der Liebe auszuleben und sie bei anderen Menschen zu suchen, ohne das eigene Verhalten oder das der anderen zu be- oder verurteilen.

Als erwachsener Mensch habe ich vielleicht versucht, mich so lange den Wünschen und Erwartungen anderer Menschen anzupassen, dass ich gar nicht mehr sicher bin, was ich selbst will oder brauche. Das kleine Kind ist vollkommen, es sprüht vor Energie und strebt unaufhörlich danach, sich in dieser Welt ausdrücken zu können. Sie oder er ist glücklich, liebevoll und ahnungslos. Ich selbst bin so erzogen und gezogen worden, dass ich mich sowohl geschriebenen als auch ungeschriebenen Regeln unterwerfe. Es kann sein, dass ich sogar ängstlich und konfliktscheu bin und mich voll und ganz darum bemühe, anderen Menschen zu gefallen.

Es ist also gar nicht merkwürdig, wenn hier ein Generationskonflikt entsteht.

Egal, wie viel ich darüber gelesen und gelernt habe, wie man Kindern begegnen sollte, bin ich doch immer wieder von den Gefühlen, die in mir geweckt wurden, überrascht worden, wenn die Kinder überaus energisch um ihr Recht kämpften, ihre eigenen Bedürfnisse erfüllt zu bekommen. Ich höre mich selbst noch, wie ich mein vier Monate altes Baby anmeckerte: »Du hast doch gerade Essen BEKOMMEN! Was willst du eigentlich von mir? Wirst du denn nie zufrieden sein? Und eine neue Windel habe ich dir auch erst gegeben. Seufz.«

Oder wie ich meine verzweifelte Dreijährige angebrüllt habe, weil sie ihren Schneeanzug nicht anziehen wollte: »Du hast doch GESAGT, dass du nach draußen wolltest!«

Auch als sie Teenager wurden, war ich ihren Auffassungen dem Leben und der Welt gegenüber völlig blind und habe kein Verständnis gezeigt:»Als ICH Teenager war, hatte ich nur zwei Paar Jeans zum Wechseln.«

Mit der Zeit und mit immer mehr Kindern habe ich allmählich begriffen, dass mein eigenes, nicht zufriedengestelltes kindliches Ich, das ich in meinem Inneren trage, versucht, sich meinen Kindern gegenüber zu behaupten, wobei ich mich als ihre Mutter doch eigentlich um ihre Bedürfnisse kümmern müsste. Die Wende für mich als Mutter kam, als ich dies eingesehen hatte. Ich verstand, dass ich mich sowohl um das Kind in mir als auch um das Kind, dem ich sein Leben geschenkt habe, kümmern und beide zufriedenstellen muss.

Es war lästig, einsehen zu müssen, dass ich manchmal genauso unfähig war, Krisen in einer angemessenen und ausgeglichenen Weise anzugehen, wie ein verzweifeltes, dreijähriges Kind. Obwohl ich doch einen reifen Körper, großes Wissen und jede Menge Erfahrung besitze. Ich war sogar Rektorin einer Schule mit Vorschule und konnte tiefe pädagogische Diskussionen mit meinem Personal und mit den Eltern der Schulkinder führen, während ich im Stillen mit meinen widersprüchlichen Gefühlen kämpfte.

Kann man mit den eigenen Kindern zusammen erwachsen werden?

Ja, das kann man. Die meisten von uns tragen, genau wie ich, eigene, nicht zufriedengestellte Bedürfnisse mit sich herum. Darüber hinaus vielleicht noch Wunden und unterdrückte Gefühle, die man bisher immer nur verdrängt hat.

Man versteht am besten, wie man sich seinem Kind gegenüber verhalten sollte, wenn man sich traut, einen genauen Blick auf sich selbst zu werfen. Nicht auf die Person, die man versucht zu sein, sondern auf die, die man wirklich ist. Die Bedürfnisse, die in meiner eigenen Kindheit nicht zufriedengestellt wurden, tauchen unweigerlich spätestens dann wieder auf, wenn ich eigene Kinder bekomme. Wenn das erste Kind in eine Familie hineingeboren wird, kann es die Verletzbarkeit sowohl von Mama als auch von Papa aufleben lassen. Plötzlich stehen sich also drei Kinder – statt eines Kindes mit Eltern – auf der Bühne des Lebens gegenüber.

Egal wie alt, erfahren und gebildet wir sein mögen, es gibt in uns immer noch einen lebendigen, verletzbaren Menschen, der sich nicht von klugen Elternratgebern beeindrucken lässt. Sie oder er ist nämlich genauso unfähig, sich in Worten auszudrücken, wie ein kleiner Säugling.

Das Kind in uns lebt sein eigenes Leben und zeigt sich, wenn wir es am allerwenigsten erwarten. Wer hat sich nicht selbst schon dabei erlebt, wie man dem eigenen Partner, den Arbeitskollegen, den Eltern, den Kindern gegenüber plötzlich schluchzt, meckert, jammert, seufzt, manipuliert, herrscht oder verurteilt?

Die Welt ist voll von Kindern in erwachsenen Körpern. Lange Zeit habe ich gedacht, ich sei die Einzige, die nie groß geworden ist! Welch unerhörte Erleichterung es war, als ich begriff, dass der Versuch, die Maske nie fallen zu lassen, um sich immer in einer perfekten, erwachsenen Elternrolle zu präsentieren, keine gute Idee ist. Stattdessen kann ich die fantastische Gelegenheit nutzen, mit Kindern zu leben und ihnen und auch mir selbst dabei helfen, groß zu werden.

Die Fragen, mit denen wir geboren werden

Jedes einzelne meiner sechs Kinder hat sich von Geburt an unterschiedlich verhalten. Sie haben die Signale ihrer Umwelt auf ganz verschiedene Weise aufgenommen und dementsprechend unterschiedlich reagiert. Dasselbe gilt für die Kinder, die ich bei meiner Arbeit an Schulen und Kindertagesstätten kennengelernt habe. Auch hier gleicht kein einziges Kind dem anderen. Manchmal können die Unterschiede so groß sein, dass man sich fragt, ob die Kinder überhaupt derselben biologischen Gattung angehören! Und trotzdem scheint es, dass alle neugeborenen Kinder dieselben Fragen in sich tragen.

- Werde ich geliebt?
- Werde ich alles bekommen, was ich zum Überleben brauche?
- Bin ich gut genug, so wie ich bin?
- Bin ich genauso viel wert wie alle anderen?

Diese Fragen folgen dem Menschen wie ein roter Faden durch sein ganzes Leben. Es tut gut, sich daran zu erinnern, dass wir auch als Erwachsene mal weniger, mal mehr darin bestätigt werden, dass wir geliebt werden. Eine Frau erzählte mir Folgendes:

»Bevor wir uns morgens in verschiedene Richtungen auf den Weg zur Arbeit machten, fragte ich meinen Mann, ob er mich liebte. Er sah mich verwundert an und meinte: ›Aber das habe ich dir doch schon gesagt.‹ Ich konnte mich aber nicht daran erinnern, dass er es in den letzten vielen Wochen einmal gesagt hatte. Aber für ihn war die Aussage eben noch ganz frisch.«

Die Frau konnte beruhigt feststellen, dass ihrer beider Bedürfnisse nach Bestätigung ganz unterschiedlich aussahen. Als Erwachsene müssen wir selbst die Verantwortung für die Zufriedenstellung unserer Bedürfnisse übernehmen. Die Frau akzeptierte, dass ihr Mann nicht dasselbe Bedürfnis nach Bestätigung wie sie hatte, und sie ließ sich deshalb in anderen Bereichen bestätigen. Aber ein kleines Kind kann sich nicht woandershin wenden, sondern ist voll und ganz davon abhängig, dass die Eltern seine verschiedenen und für ihn einzigartigen Bedürfnisse erkennen und verstehen.

Im Laufe unseres Erwachsenenlebens legen wir uns meist eine ganze Menge verschiedener Identitäten zu, hinter denen wir Schutz suchen und die uns den Wert sichern, den wir uns wünschen. Das Haus, das Auto, den Mann, die Frau, den beruflichen Titel, das Gehalt, die Freunde und unsere Leistungen – wir schaffen uns eine ganze Sammlung an Trophäen für uns selbst an, durch die wir uns selbst darstellen können.

»Hallo, ich heiße Helena Harrysson. Ich bin Rektorin und Mutter von sechs Kindern. Wir wohnen in dem gelben Haus in der Weidestraße. Mein Mann ist Skilehrer.«

Ungefähr so habe ich mich präsentieren können, als ich damals Kleinkindmama war. Außerdem leierte ich alles, was ich in meinem Leben geleistet hatte, herunter, alle meine Freunde und alle Orte auf der Welt, die ich besucht hatte.

Als wir 15 Jahre später unser Haus verkauften und ich von meinem Dienst als Rektorin zurücktrat, landete ich direkt in einem seelischen Zusammenbruch, einer Art Koma, in das ich aus meinem totalen Identitätsverlust hineinfiel. Obwohl ich diese Entscheidungen selbst getroffen hatte, im Glauben daran, dass ich genau wusste, was ich wollte, war ich nicht auf das

Gefühl vorbereitet, auf einmal anderen Menschen ganz nackt gegenübertreten zu müssen. Die Situation überwältigte mich, und ein paar Jahre lang torkelte ich herum, nach Antworten auf die Fragen suchend: »Wenn mein Haus, meine Arbeit, meine Leistungen mich nicht ausmachen, wer bin ich dann?«

»Wie soll ich mich anderen gegenüber präsentieren, wofür werden sie mich schätzen und lieben?«

Es geschah in dieser verzweifelten und dunklen Phase meines Lebens, dass ich eine klitzekleine Idee davon bekam, was es heißt, geboren zu werden. Dass jedes Kind ganz nackt und identitätslos auf die Welt kommt. Denn in vielen, langen Perioden meiner Lebenskrise war ich in der Tat nicht älter als ein Säugling. Ich verhielt mich irrational und gefühlsmäßig vollkommen chaotisch, einen Moment lang glücklich lachend, um im nächsten Moment hysterisch loszuheulen. Genauso, wie viele erwachsene und intelligente Menschen reagieren, wenn sie ihre Arbeit, ihr Haus, ihr Gehalt, ihren Status, ihren Mann oder ihre Frau verlieren.

Aus dieser Perspektive gesehen scheint es mir, dass die Geburt unsere allererste Lebens- und Identitätskrise darstellt, durch die wir uns kämpfen müssen. Aus einem Leben in totaler Geborgenheit, in dem wir alles hatten – ein Zuhause, Wärme, Nahrung – werden wir in etwas hinausgetrieben, von dem wir nicht die geringste Ahnung haben.

Wir haben so endlos viele Fragen in uns, können sie aber nicht in Worte fassen. Wir können nur schreien, Grimassen ziehen, strampeln, beißen, saugen, uns fröhlich oder traurig anhören. Und wir können nur hoffen, dass unsere Eltern sich vorstellen können, wie wir uns fühlen, und dass sie uns mit Liebe und Mitgefühl begegnen.

Als frischgebackene Eltern kann es für uns hilfreich sein, an einige der Identitätsverluste zurückzudenken, die wir selbst durchlebt haben oder die wir bei Freunden und Arbeitskollegen miterlebt haben.

Eine Frau, die ich kennenlernte, war nach vielen Jahren Ehe von ihrem Mann für eine andere Frau verlassen worden. Er war ein erfolgreicher Arzt, und in der Phase des Wiederfindens ihres Selbstwertgefühls und ihrer Lebenslust sagte sie: »Das Schlimmste ist nicht, dass ich verlassen wurde. Das Allerschlimmste ist, dass ich nicht mehr sagen kann, ich bin die Frau eines erfolgreichen Arztes. Sein Beruf war meine Identität. Jetzt weiß ich nicht mehr, wer ich bin. Ich fühle mich verloren und ängstlich.«

Die Existenz des Menschen ist so schlau konstruiert, dass sich das Kind am Anfang seines Lebens ganz und gar auf die Fürsorge seiner Eltern verlässt. Die Kindheit soll ein Ort der Geborgenheit sein, wo das Kind zwischenlanden kann, bis es groß genug ist, um seine lebenslange Suche nach einem eigenen Platz in dieser Welt und einer ganz eigenen Identität zu beginnen.

Als Eltern leiht ihr euch das Kind nur für eine Weile aus, für die kurze Zeit, in der es unter eurer Obhut steht. Während dieser Zeit tragt ihr die ganze Verantwortung dafür, dass die Bedürfnisse des Kindes zufriedengestellt werden. Daran kann man sich selbst nicht oft genug erinnern! Allmählich wird das Kind nämlich auch NEIN und ICH WILL sagen und überhaupt nicht auf dich hören. Und das ist eine frische und gesunde Reaktion und gleichzeitig ein Zeichen, dass das kleine Menschenkind sich schon mit der Frage beschäftigt: »Wer bin ich?«

Manche nennen diese Phase im Leben des Kindes »Trotz-alter«, was ich ziemlich verrückt finde. Die Kinder trotzen nicht. Sie suchen auf ganz natürliche Weise ihr eigenes Leben, ihre Identität und ihre Freiheit! Das Suchen des Kindes wird nie ein endgültiges Ziel erreichen oder ganz plötzlich enden.

Es wird immer wieder Phasen voller Harmonie und Wind-stille geben, in denen sich sowohl die Kinder als auch die Eltern in einem Wohlgefühl des errungenen Wissens und der Erfahrung ausruhen können. Vielleicht ist es der Familie gelungen, den Alltag zu ordnen, und die Routine läuft nun wie geschmiert. Die Tage können sich so gestalten, als schaute man sich seinen Lieblingsfilm immer und immer wieder an.

Aber das suchende Kind lebt in ständiger Veränderung, und plötzlich geschieht etwas ganz Neues in seiner Entwicklung, das bewirkt, dass wir als Eltern wieder umdenken müssen.

Ein Kind ist ein vollwertiger Mensch in einem kleinen Körper, und es bewegt sich immer weiter vorwärts.

Oft kommen erwachsene Menschen um die 40 zu mir und rufen voller Verzweiflung: »Hilfe! Ich weiß immer noch nicht, was ich werden möchte, wenn ich groß bin!«

Ich habe erfahren, dass wir sehr viele sind, die in der Fehlannahme leben, dass wir mit einem gewissen Alter nicht nur groß, sondern auch erwachsen sein sollten: »Es scheint, dass alle anderen es geworden sind, nur ich nicht.« Das Su-chen sollte doch jetzt zu einem deutlichen Ergebnis geführt haben!

In Wirklichkeit ist es vermutlich so, dass wir entweder nie ganz erwachsen werden oder dass wir es schon immer wa-ren. Wir werden nie das Ziel erreichen, sondern suchen und wachsen immer weiter. Aus natürlichen Gründen ist unser

Wachstum am intensivsten, während wir klein sind. Unsere Aufgabe als Eltern ist es also nicht, aus dem Kind irgendeine Art fertigen Menschen zu formen, sondern den Menschen in unserem Kind kennenzulernen und ihm das Gefühl zu vermitteln, dass es gut ist, zu wachsen und sich immer weiter zu entwickeln.

In gewissen Phasen kann dies bedeuten, dass ich sowohl zeitliche als auch räumliche Grenzen aufstellen muss, damit das Leben dem Kind nicht allzu überwältigend und unhandlich erscheint.

Man wirft einen Menschen nicht ins tiefe Meer, bevor er im seichten Wasser das Schwimmen gelernt hat.

∾

Wir alle sind suchende und sehnsuchtsvolle Menschen
in unterschiedlichen Körpern.
Einige Körper sind groß, andere sind klein.
Aber die Großen sollen die Kleinen schützen.

∾

Die allererste Zeit.
0 – 1,5 Jahre

Die Krise der Geburt

Genau wie wir Erwachsenen unsere Krisen in verschiedenster Weise bewältigen, verhalten sich auch die Kinder ganz unterschiedlich beim überraschenden Erlebnis, in eine ganz neue und fremde Welt geboren zu werden. Eines meiner Kinder hat sich durch das erste halbe Lebensjahr hindurchgeschlafen. Ich musste ihn wecken, damit er etwas zu essen bekam.

Er aß und schlief dann sofort weiter. Es war verlockend, ihn ein »braves Kind« zu nennen. Diese Bezeichnung stammt wahrscheinlich aus der Zeit, als Kinder am besten weder zu sehen noch zu hören sein sollten. Ich glaube, dass viele von uns immer noch solche angestammten Bewertungen in uns tragen. Es ist lieb und fein, nicht aufzufallen. Als wären alle Kinder, die schreien, blöd?!

Dieses Kind hat auf jeden Fall kein großes Trara um seine Person gemacht. Es war so einfach, ihn überallhin mitzunehmen. Er schlief im Auto wunderbar und auch auf jeder beliebigen Couch, auf die man ihn legte. Er lachte fröhlich und unbekümmert alle Menschen an und stopfte alles in sich hinein, was ihm serviert wurde. Deshalb kann man schon sagen, dass es für mich einfach war, seine Mama zu sein, als er klein war. Er forderte das Kind in mir, das auch nach Zeit und Aufmerksamkeit verlangte, nicht heraus.

Auch seine beiden Schwestern waren in ihrem ersten Lebensjahr einfach und unkompliziert gewesen. Es gab Zeiten, in denen ich dachte, alles liege nur an mir und ich sei die perfekte Mama!

Aber die Tochter, die dann einige Jahre später zur Welt kam, schrie beharrlich alle zwei Stunden rund um die Uhr, trank schnell ihre Milch, schlief wieder ein, um dann bald wieder loszubrüllen. Jeden Abend von etwa 21 Uhr bis Mitternacht war sie untröstlich verzweifelt und schlief irgendwann vor Erschöpfung in Mamas oder Papas Armen ein. Sie drehte und wendete sich unruhig im Autositz und konnte nie irgendwo anders einschlafen als in ihrem eigenen Bett. Auch das Essen schmeckte ihr nur zu Hause. Der Teller landete auf dem Fußboden, nur Milchmahlzeiten aus der Flasche wurden problemlos angenommen. Sie war ein sogenanntes »schwieriges Kind«, dem es noch sehr lange schwerfiel, sich an neuen Orten und unter fremden Menschen zurechtzufinden.

Was habe ich daraus gelernt?

Da ich meine Tochter liebte und respektierte, begriff ich bald, dass wir Erwachsenen die Schwierigen waren. Wir nahmen uns das Recht, uns davon belastet zu fühlen, dass sie sich nicht so verhielt, wie wir es uns gedacht hatten. Das ist genauso blöd, wie sich darüber aufzuregen, dass der Rosenbusch, den man gepflanzt hat, keine Himbeeren trägt.

Beurteile deinen Säugling nie! Egal, ob du ihn positiv als »liebes Kind« oder negativ als »schwieriges Kind« bewertest, lädst du dir damit eine Bürde der Erwartungen auf, und du gibst dem Kind eine Identität und einen Stempel, von dem es sich nur sehr schwer befreien können wird.

Ein Kind ist weder lieb noch schwierig. Das Kind ist einfach so, wie es ist. Und es ist unsere Aufgabe, genau diesem Kind in bestmöglicher Weise zu begegnen. Bei manchen Kindern fällt uns das leichter als bei anderen. Aber das sagt mehr über uns aus als über das Kind!

Mir sind erwachsene Menschen begegnet, die berichtet haben: »In meiner ganzen Kindheit bekam ich immer zu hören, wie tüchtig und wie lieb ich sei. Alle lobten mich und streichelten mir über den Kopf. Am Ende stand es mir bis zum Hals. Ich traute mich nie, richtig zu toben oder zu spielen und mich frei zu entfalten. Die Angst, nicht perfekt zu sein, bewirkte, dass ich auf vieles verzichtete, obwohl ich es gerne gemacht hätte.«

Und dann habe ich andere getroffen, die erzählten: »Ich bekam immer nur zu hören, dass ich anstrengend und schwierig sei, eben so eine, die alles immer anders macht. Lange habe ich geglaubt, dass alle anderen außer mir normal seien. Auch wenn ich etwas Gutes leistete, gab es immer die Angst, dass die anderen mitbekommen würden, was für ein Idiot ich wirklich war.«

Diese Überlegungen bestätigen, wie wichtig es ist, dass wir als Eltern unsere Kinder nicht in bestimmten Rollen gefangen halten, sondern dass wir offen sind für ihre einzigartigen Persönlichkeiten. Und da die Kinder gern verschiedene Verhaltensweisen ihrer Umwelt gegenüber austesten, müssen wir auch für ihre ständigen Veränderungen offen sein!

Das kleine Kind genau so wahrzunehmen, wie es ist, kann beispielsweise bedeuten, dass du feststellst: »Sie schreit. Sie ist nicht zufrieden. Sie mag hier nicht essen. Sie kommt hier nicht zur Ruhe.«

Wenn du ein Kind aber *bewertest*, kann es sich stattdessen so anhören: »Sie ist wütend und störrisch. Dieses Gör weiß, was es will. Sie wird wohl nie zufrieden sein.« Beurteilst du dein Kind in dieser Weise, behaftest du es mit einem Etikett, das zum Ausdruck bringen soll, wer sie ist.

Wir müssen also dem Säugling mit großem Respekt und

in Demut begegnen, diesem rätselhaften und fremden Menschen, der sich in dem Kind befindet und lebt. Bemüht, es kennen und verstehen zu lernen. Mit dieser Einstellung ist es nicht mehr von Bedeutung, ob das Kind »lieb« oder »schwierig« ist. Und wir kommen so auch nicht mehr auf die Idee, die Kinder miteinander zu vergleichen.

Ein Säugling möchte ganz einfach Antworten auf seine Fragen bekommen: »Werdet ihr mich lieben? Werdet ihr mir das geben, was ich zum Überleben brauche?«

Manchmal gibt es eine Erklärung, weshalb ein Säugling sich so oder so verhält, aber meistens gibt es keine. Als meine abendlich schreiende Tochter am allerheftigsten brüllte, las ich alle Bücher, die es zu diesem Thema gab, und ich fragte alle Experten, die man diesbezüglich aufsuchen konnte. Am besten hat es aber geklappt, als ich aufhörte, nach irgendwelchen Fehlern zu suchen, und mich entspannte. »Sie ist eben so. Ich weiß nicht, warum. Aber ich bin für sie da und wahrscheinlich wird es sich bald ändern.«

Was geschieht mit mir als Erwachsenem?

Im ersten Jahr als Mutter unserer beiden ruhigen Kinder, Lina und Måns, schaffte ich es fast immer, sehr erwachsen und reif aufzutreten. Es war wie damals, als wir »Mama, Papa, Kind« spielten, nur ein bisschen ernster.

Ich lebte in einer stabilen Beziehung mit dem Vater der Kinder, und wir konnten unser bisheriges Leben im Großen und Ganzen weiterführen – arbeiten, uns mit Freunden treffen und unseren Hobbys nachgehen. Da es kein großes Problem darstellte, sich allein um die beiden zu kümmern, konnten wir uns gegenseitig Freizeiten geben, in denen wir uns jeweils auf eigene Faust von der Kleinkindelternrolle erholen konnten.

Diese beiden Kinder stellten uns nicht stärker auf die Probe, als wir damit umgehen konnten. Manche frischgebackene Eltern erleben es genauso wie wir damals: Die erste Zeit mit dem Kind gestaltet sich überaus ruhig und entspannt. Man hat weiterhin sein Leben unter Kontrolle, und das Kind hat mit seinem Streben nach Freiheit und Selbstständigkeit noch nicht begonnen.

Während des ersten Lebensjahres meiner lebendigen und intensiven Tochter Kristin war die Lage ganz anders, und es kam öfters vor, dass ich mich selbst wie ein kleines Kind fühlte, ein unzufriedenes und trauriges kleines Ding. Wir mussten Autofahrten unterbrechen, zu feierlichen Einladungen Nein sagen, auf Arbeit und diverse andere Aktivitäten verzichten. Gelegentlich schaffte es keiner von uns, eine einigermaßen erwachsene Haltung gegenüber dem anderen aufrechtzuerhalten. Wir brachen zusammen. Das heißt: Das kleine Kind in uns, das nicht alles bekam, was es gebraucht hatte, als wir klein waren, wurde genauso traurig und verzweifelt oder wütend wie das Kind, um das wir uns kümmern sollten.

»Wie ärgerlich, dass wir nie jemanden besuchen können, ohne dass es super anstrengend wird!« Mein Mann überlegte oft, was wohl mit dem Kind nicht in Ordnung sei. Ich selbst überlegte meistens, was wohl mit mir nicht o.k. ist. Ich fühlte mich missraten. Meine Vorstellungen und Ideen darüber, wie meine Familie funktionieren solle, stimmten nicht mit der Wirklichkeit überein. Ich hörte mich selbst sagen: »So haben sich Lina und Måns nie verhalten.« Oder ich verglich Kristin mit anderen Kindern und uns mit anderen Familien, in denen es offenbar besser funktionierte.

Nach und nach habe ich gelernt, dass es darum geht, das Kind so anzunehmen, wie es nun mal ist, ohne es mit anderen zu vergleichen. Und ohne allzu viele fertige Wahrheiten darüber, wie eine Familie aussehen sollte. Ohne uns selbst oder andere dafür zu kritisieren, dass wir nicht wissen, warum das Kind sich so verhält, wie es das gerade jetzt tut. Wir müssen uns trauen, unsere Überlegungen zur Seite zu legen und darauf verzichten, immer alles erklären zu wollen.

Ein Säugling sollte in seinem ersten Lebensjahr all seine Bedürfnisse sofort zufriedengestellt bekommen. Dies *kann* bedeuten, dass wir als Eltern unsere eigenen Bedürfnisse erst einmal beiseiteschieben müssen. Wir schaffen es nicht, die Zeitung zu lesen, zu Ende zu telefonieren, eine Sendung im Fernsehen ganz zu sehen, unsere Mails zu beantworten, die Wäsche zu waschen, etwas Schönes zu kochen und so weiter. Und das ist vollkommen o.k. Gerade jetzt darf es eben so sein. Wir haben ein Kind bekommen, das aus verschiedenen Gründen sehr viel von unserer Aufmerksamkeit und unserer körperlichen Nähe braucht. Wir sind es, die sich für das Kind entschieden haben. Es ist nicht das Kind, das sich für uns entschieden hat.

In tiefer Entspannung und Akzeptanz gelingt es einem eher zu sagen: »Danke für die Einladung. Wir kommen nicht. Unserer Tochter geht es momentan einfach am besten, wenn wir zu Hause sind. Wir kommen ein anderes Mal.«

Das Säuglingsalter dauert nicht ewig. Dieses und jenes wird sich ändern. In deiner Eigenschaft als wichtigster Beschützer deines Kindes bist du der verteidigende Rechtsanwalt wie auch das Sprachrohr des Kindes seiner Umwelt gegenüber.

Eine junge Mutter kam mit folgendem Dilemma zu mir: »Ich rief meine Schwiegermutter an, bedankte mich für die Einladung zu ihrem 50. Geburtstag und sagte unsere Teilnahme ab. Unser Sohn, der fünf Monate alt ist, hat in den letzten Wochen unruhig geschlafen und ich bin mit dem Stillen etwas durcheinandergeraten. Ich hatte wirklich das Gefühl, dass ich es einfach nicht schaffen würde, an dem Fest teilzunehmen, und dass es meinem Sohn besser gehen würde, wenn wir in aller Ruhe zu Hause blieben. Aber meine Schwiegermutter war enttäuscht und wütend und nahm alles sehr persönlich. Jetzt sind mein Mann und ich sehr unsicher, ob wir uns richtig entschieden haben. Vielleicht übertreiben wir das Ganze ja ein wenig?«

Meine Antwort lautete: »Ihr seid nicht die Eltern deiner Schwiegermutter. Sie ist erwachsen und kann sich selbst um ihre Bedürfnisse kümmern. Sie kann sogar auf eigene Faust ihre Enttäuschung überwinden. Euer Sohn aber ist von euch abhängig. Er vertraut darauf, dass ihr ihn versteht und ihm das gebt, was er braucht. Und er verzichtet nur zu gern auf 50-Jahr-Feiern!«

Wenn man über einen längeren Zeitraum seine eigenen Bedürfnisse beiseiteschieben musste, kann das Verlangen danach, sich einfach nur um sich selbst zu kümmern, immer größer werden. Es gilt, auf die Signale zu hören, bevor das Verlangen zu groß und unhandlich wird. Einem kleinen Kind geht es schlechter, wenn Mama und Papa genervt und ungeduldig sind, als wenn sie sich hin und wieder auch mal ihren eigenen Bedürfnissen widmen. Manche Menschen halten es in der Seifenblase mit dem Baby länger aus als andere. Vergleiche dich nie mit anderen. Aber erinnere dich daran, dass diese Seifenblase nicht lange halten wird.

Wenn es keine Worte gibt

Als mein erstes Kind, Tobias, ein halbes Jahr alt war, schrie er, bis er in Ohnmacht fiel. Ich dachte, er würde sterben. Aber die Ärzte erklärten mir, dass er automatisch wieder zu atmen anfängt, wenn er in Ohnmacht fällt. Bis zu einem Alter von etwa vier Jahren fiel er hin und wieder in Ohnmacht. Es geschah vor allem, wenn er wütend wurde und seine Frustration darüber, dass ihn keiner verstand, nicht zum Ausdruck bringen konnte. Diese Form der Ohnmacht nennt man »Affektkrampf«.

Ich war 19 Jahre alt und allein, als er geboren wurde. Ich wusste sehr wenig über kleine Kinder und noch weniger über mich selbst. Was man nicht selbst gelernt und begriffen hat, kann man schlecht jemand anderem weitergeben. Vielleicht ist dies sogar unmöglich. Ich besaß nicht die Fähigkeit, seine Körpersprache oder die Geräusche und Schreie, die er von sich gab, interpretieren zu können. Wenn er schrie, bekam er meistens etwas zu essen oder den Schnuller, weil es so am einfachsten war und weil ich keine Ahnung hatte, warum er nie zufrieden war. Heute sehe ich ein, dass er oft etwas ganz anderes als Nahrung gebraucht hätte. Vielleicht Augenkontakt, kleine Plauderstunden, Streicheleinheiten, Spielen, Massage oder einfach nur Gesellschaft.

Was könnte ich mir selbst heute sagen und vermitteln,

wenn ich der jungen Mutter, die ich damals war, gegenübertreten würde? Ich glaube, dass ich in verschiedenster Weise sagen oder zeigen würde, dass DU für dein Kind überaus wichtig bist. Für dein Kind bist du perfekt, genau so, wie du bist. Du musst ihm nichts anderes geben als dich. Es sind deine Augen, dein Körper, deine Wärme, dein Lachen, dein Singen, deine Hände, die es haben will. Du musst nicht immer etwas außerhalb von dir selbst suchen, wenn du ihm etwas geben willst. Das Kind braucht dich, und du tust ihm in jeder Hinsicht gut.

Ich wäre dieser jungen und unsicheren Mutter ganz einfach und liebevoll begegnet und hätte ihr das Gefühl vermittelt, dass sie wertvoll ist. Wenn man sich als Mutter oder Vater wertvoll und verstanden fühlt, kann man das eigene Kind besser verstehen und es als wertvoll ansehen.

Alle Menschen – kleine wie auch große – wünschen sich, verstanden zu werden, und dieses Bedürfnis wird uns ein Leben lang begleiten. Wenn ich erwachsene Menschen treffe, die nach einem Besuch beim Arzt glücklich und zufrieden sind, erzählen sie mir selten etwas über die medizinischen Einzelheiten: »Sie hat die OP perfekt hinbekommen.« Stattdessen redet man über die menschliche Begegnung. »Sie hat mich verstanden. Sie hat mir zugehört. Sie sah mir in die Augen. Sie versuchte wirklich herauszufinden, was mit mir los war. Sie war gut drauf und hat sogar Witze gemacht.«

Habt ihr euch über diesen einfachen Ausdruck schon einmal Gedanken gemacht: »Sie sah mir in die Augen«?

Die Sprache der Augen

Eine der erstaunlichsten Erfahrungen, die das Kind kurz nach der Geburt macht, ist wahrscheinlich, dass es die Augen aufmachen und sehen kann. Es ist kein Wunder, dass die kleinen Kinder die Augen schön weit aufsperren, um staunend ihre Umgebung in Augenschein zu nehmen. Farben, Formen, Bewegungen. Welch eine tolle Vorführung!

Nach neun Monaten in der dunklen Höhle ohne etwas, das man sich anschauen konnte, taucht plötzlich ein majestätisches Szenario nach dem anderen auf. Wenn das Kind den Blickkontakt zu Mama oder Papa herstellt, fangen die ersten wortlosen Gespräche an.

Das Kind prägt sich alles ein und lernt daraus. Jede Nuance, Veränderung und Bewegung in deinen Augen wird von den Augen des Kindes aufgenommen und sinkt ganz tief in den kleinen Körper hinein. Wenn du Wärme, Zärtlichkeit, Liebe und Verständnis vermittelst, wird das Kind deine Signale sofort aufnehmen und verstehen, was du meinst. Dasselbe gilt auch, wenn du das Gegenteil vermitteln solltest – Vorwürfe, Irritation, Unwillen oder Groll.

Zwischen deinen Augen und denen des Kindes spannt sich ein unsichtbarer Faden aus Silber, der wie die Nabelschnur lebensnotwendige Nahrung transportiert. Du brauchst Zeit und Ruhe, um den Blickkontakt zum Kind eine kleine Weile aufrechtzuerhalten. Selbst wenn das Kind größer wird, ist der Blickkontakt von größerer Bedeutung als das, was du sagst.

Eine junge Frau im Alter von 25 Jahren erzählte mir: »Als ich zehn Jahre alt war, machte ich mit meiner Mama und meiner großen Schwester eine Bootsfahrt an der Westküste entlang. Das Boot gehörte einer anderen Familie, und sie waren auch dabei. Wir waren auf dem Weg zu ihrem Sommerhaus, das auf einer kleinen Insel vor der Küste lag. Meine Mama, meine Schwester und ich saßen alle drei an Deck. Es war sehr windig, und am Anfang fanden wir noch ein wenig Schutz hinter der Hafenmole. Als wir aber aufs offene Meer hinausfuhren, wurde es richtig stürmisch und die Wellen waren erschreckend hoch. Nach einer Weile mussten wir das Boot wenden und zurückkehren. Ich habe in meinem ganzen Leben noch nie solche Angst gehabt. Das Schlimmste war aber nicht der Seegang. Das Schlimmste war, dass ich sehen konnte, dass auch die Erwachsenen Angst hatten. Zwar sagten sie uns, dass sie alles unter Kontrolle hätten. Aber ich habe in ihren Augen gesehen, dass sie Angst hatten.«

Auch als Erwachsener bist du mehr oder weniger von der Kommunikation, die über die Augen stattfindet, abhängig.

Früher, wenn ich meinem Mann etwas erzählen wollte, sagte er manchmal, dass er gerne zuhören würde, sich dabei aber gleichzeitig abwenden und mit seinem Kram weitermachen wolle. Sofort hörte ich auf zu erzählen und bat ihn, wieder richtig zuzuhören.

»Aber ich höre doch zu«, sagte er.

»Ja«, sagte ich. »Das kann sein. Aber ich möchte, dass du mir dabei auch in die Augen schaust.«

Wenn er seinen Blick von mir abwandte, verschwand ein ganz wesentlicher Teil unseres Gesprächs. Ich bekam sogar das Gefühl, für ihn sei das, was ich zu sagen hatte, nicht so wichtig. Ich spürte, wie ein klitzekleines Gefühl, unwichtig und wertlos zu sein, sich an mich heranschlich. Bei einem kleinen Kind ist dieses Gefühl vielleicht nicht klitzeklein, sondern ganz groß und wahrhaftig erschreckend. Aber ein kleines Kind kann nicht sagen: »Mama, ich möchte, dass du mich anschaust, wenn du mit mir redest!« Das Kind fängt vielleicht stattdessen an zu schreien, um seine Unzufriedenheit auszudrücken.

Die Sprache der Berührung

Wenn bei der Geburt alles glatt läuft, dürfen die frischgebackenen Eltern das neugeborene Kind sofort in die Arme nehmen. Wir wissen, dass sowohl die Wärme als auch die Nähe der elterlichen Körper für das Wohlbefinden des Kindes entscheidend sein können. Auch später in seinem Leben wird die Berührung dem Kind mehr sagen als jedes Wort. Ein Streicheln über die Wange. Eine Hand auf der Schulter. Eine Umarmung. Oder ein fester Griff um die Arme des Kindes. Wenn man spürt, dass man umarmt und körperlich festgehalten wird, kann man sich entspannen. Dann *wissen* wir, dass wir nicht alleine sind.

Wir führen Gespräche mithilfe unserer Hände. Sind die Hände weich, warm und herzlich, wird das Kind dieses Gefühl annehmen. Sind die Hände dagegen hart, hastig oder gleichgültig, dann wird sich diese Empfindung in dem Kind einnisten.

Als mein jüngstes Kind, Nelly, klein war, schlief sie am liebsten an mich geschmiegt und drückte sich so eng an mich heran, wie es nur ging. Ich hatte einen schwarzen Seidenpyjama mit weichem Baumwollfutter. Als ich endlich wieder allein schlafen wollte, schnitt ich daraus ganz viele Schnuffeltücher für Nelly. Viele Jahre konnten diese Tücher hin und wieder meine körperliche Nähe ersetzen, wenn die Kleine müde war oder Trost suchte. Sie knüllte ihr Tuch zusammen und hielt es eng an ihre Wange gedrückt. Immer wieder strich sie mit ihrer Hand über den weichen Stoff. Als die Schnuffeltücher sich nach und nach beim Waschen auflösten oder einfach verschwanden, musste ich sie durch neue aus genau demselben Stoff ersetzen. Etwas anderes funktionierte nicht. Das Gefühl war fest eingeprägt, tief in ihrer kindlichen Erinnerung. Manche Erwachsenen in unserer Umgebung waren der Meinung, dass wir ihr diese Tücher abgewöhnen sollten. Sie seien unhygienisch. Und das kann man ja meinen.

Aber für Nelly waren es keine unhygienischen Tücher. Sie waren eine fortwährende Erinnerung, dass sie sich geborgen und von ihrer Mama geliebt fühlen konnte. Ich vertraute darauf, dass sie selbst die Tücher abschaffen würde, wenn sie sie nicht mehr brauchte. Und genau so geschah es.

Ich habe sehr viele Eltern kennengelernt, die sich unnötig darüber Sorgen machten, ob das Kind jemals den Schnuller oder das Schnuffeltuch weglassen würde. Wenn du dich dagegen auf das kindliche Gefühl für Timing verlässt, wirst du spüren, wann sie oder er bereit ist, mit dem Schnullern bzw. dem Schmusetuch aufzuhören. Und die Zeit wird kommen.

Es wäre übrigens vielleicht gar nicht so falsch, wenn Erwachsene ein Schnuffeltuch mit zur Arbeit nehmen würden, anstatt zu rauchen oder Trost im Internet zu suchen!

Die Sprache der Musik

Viele Kinder können singen, lange bevor sie sprechen können. Töne, Rhythmen und Klänge vibrieren und erzeugen eine richtige Melodie im Körper. Und das Kind ahmt alles nach.

Einige Kinder reden früh schon endlos viel, lange bevor sie den Inhalt der Wörter überhaupt verstehen. Es ist die Wortmelodie, die sie sich merken.

Die Empfänglichkeit für Rhythmen und Klänge bewirkt auch, dass sie schnell lernen, die kleinen Unterschiede zwischen verschiedenen Mundarten und Sprachen wahrzunehmen. Mein ältestes Enkelkind lebt in Norwegen. Sie lernte schnell, sowohl Norwegisch als auch Schwedisch zu sprechen, und sie kann problemlos von einer Sprache zur anderen wechseln. Und das, obwohl die beiden Sprachen so viele verwirrende Ähnlichkeiten aufweisen.

Diese Fähigkeit bewirkt auch, dass die meisten Kinder unmittelbar den Wahrheitsgehalt der elterlichen Aussagen registrieren und wahrnehmen. Sie spüren, ob Wut, Freude, Stolz, Angst oder Enttäuschung hinter dem Gesagten stecken, lange bevor sie den Inhalt der einzelnen Worte verstehen. Man kann sagen, dass jedes Kind mit einem eingebauten Lügendetektor ausgestattet ist. Man kann auch sagen, je jünger man ist, umso offener, reiner und ehrlicher interpretiert man seine Umgebung. Man saugt das Gesagte in sich auf wie ein Schwamm.

Dies bedeutet für die Eltern also, dass es nicht immer am wichtigsten ist, *was* sie dem Kind sagen, sondern *wie* sie es sagen.

Ist da Liebe in der Stimme? Mitgefühl? Verständnis? Wärme? Interesse? Wichtigkeit? Nähe?

Oder ist die Stimme geprägt von Stress? Desinteresse? Ungeduld? Irritation? Müdigkeit? Erniedrigung?

Einmal traf ich eine Mutter, die sich im Eingangsbereich des Kindergartens von ihrer Tochter verabschieden wollte. Das Mädchen war traurig und verzweifelt und versuchte alles, um die Mutter am Gehen zu hindern. Sie trat ihrer Mama gegen das Bein, biss sie in die Hand und schrie, so laut sie nur konnte.

Die Mutter wiederholte immer wieder denselben Satz, während sie versuchte, sich von ihrer Tochter zu befreien: »Mama liebt dich, meine Kleine. Ich komme bald und hole dich wieder ab.« Aber was das kleine Mädchen und auch ich aus ihrer Stimme heraushörten, war: »Ich bin ungeduldig, müde und enttäuscht und ich will hier jetzt schnell weg. Ich habe wichtigere Sachen zu tun. Hör auf, dich an mich zu klammern.«

Wenn Kinder beißen, treten oder schreien, sind sie meistens in Wahrheit überaus bemüht, sich Aufmerksamkeit zu verschaffen und eine ehrliche und liebevolle Kommunikation hinzubekommen. Als Mutter oder Vater muss man sich nicht als Versager fühlen und ein schlechtes Gewissen bekommen oder sich in ein Mauseloch verkriechen, wenn das Kind sich so benimmt. Aber man sollte innehalten und eine kleine Weile überlegen: »Wie geht es mir? Was will ich eigentlich? Kann ich etwas ändern, damit mein Leben mit Kind leichter wird? Warum habe ich es so eilig?«

Als Tobias sechs Monate alt war und das erste Mal aus einem Affektkrampf heraus in Ohnmacht fiel, saß er in einer Babywippe auf dem Fußboden. Er hatte Hunger. Ich stand mit dem Rücken zu ihm, telefonierte und machte dabei seine Mahlzeit bereit. Er konnte mich weder sehen oder spüren, noch meine beruhigende Stimme hören.

Natürlich fällt nicht jedes Kind in einer solchen Lage in Ohnmacht! Kinder können ihre Unzufriedenheit in unterschiedlichster Weise zum Ausdruck bringen. Und manche zeigen sie vielleicht gar nicht.

Aber das Bedürfnis danach, mit liebevollem Blickkontakt, Berührung und einer warmen Stimme aufgenommen zu werden, tragen wir alle in uns. Und genau in dieser Weise wirst du dein Kind anleiten können und ihm liebevoll und deutlich zeigen, was gefährlich, zweckdienlich, falsch oder richtig ist!

~

Alle Menschen möchten verstanden werden.
Große wie auch kleine.
Es sind aber die Erwachsenen, die innehalten,
um die Kleinen zu verstehen.
So ist es.

~

Wenn das Kind plötzlich »NEIN« sagt.
1,5 – 3 Jahre

Die Entdeckung des eigenen Willens

Irgendwann im Alter zwischen anderthalb und drei Jahren fängt das Kind im wahrsten Sinne des Wortes an, eigene Wege zu gehen. Dies ist ganz wunderbar und einfach herrlich, es kann sich aber auch furchtbar anfühlen. Es bedeutet, dass du die Interessen deines Kindes nicht länger innerhalb deiner eigenen bequemen Welt zufriedenstellen kannst. Das Kind wird nun auch NEIN sagen und dir den Rücken kehren, um auf ganz eigene Weise seine Umwelt zu erforschen.

Es ist eine haarfeine Gratwanderung, sein Kind zu schützen und es gleichzeitig zu ermuntern und zu inspirieren, selbstständig zu werden! Wer möchte sich schon als Glucke entpuppen? Oder als Eltern ständig meckern und schimpfen? Oder sich nicht genug um das Kind kümmern?

Als mein ältester Sohn Tobias in diesem Alter war, hatte er unglaublich viel körperliche Energie. Er war ständig in Bewegung. Sogar wenn er schlief. Ich wusste nie, wo und in welcher Lage ich ihn morgens schlafend in seinem Bett finden würde. Die einzige Zeit, in der er still sitzen blieb, war, wenn es Essen gab. Manchmal lockte ich ihn mit Kuchen, Keksen oder Eis, um zu vermeiden, dass er ständig im Weg war und überall hinaufkletterte.

Sein »Nein« brachte er zum Ausdruck, indem er schrie, sich auf den Boden warf, mit Gegenständen um sich warf, seinen Kopf oder den ganzen Körper wegdrehte, und er überschritt ganz klar die Grenzen, die ich zu seinem Schutz gezogen hatte.

Man kann ruhig sagen, dass er mir ständig einen Schritt voraus war. Oder dass ich dauernd einen Schritt hinterher war. Dies bewirkte, dass ich besorgt schrie, ermahnte, flehte und bettelte, ihn bestach oder bedrohte und immer wieder sagte: »NEIN, STOPP. DAS DARFST DU NICHT!«

Wenn Tobias Nein sagte und seine Umgebung in seiner eigenen Weise erforschen wollte, benutzte ich paradoxerweise genau dieses Wort, um ihn daran zu hindern. Er sagte mir »Nein« und ich sagte ihm »Nein«. Wir landeten in einem Teufelskreis, den viele von euch vermutlich wiedererkennen werden. Und der nicht gerade förderlich für eine gute Beziehung ist. Wir gerieten andauernd in Streit, es war schrecklich ermüdend für uns beide.

Heute ist mir klar, dass ich mit meinen eigenen Bedürfnissen so beschäftigt war, dass ich es gar nicht schaffte, seine Bedürfnisse nach körperlicher Betätigung zu bejahen. Ich wollte lieber auf einem Stuhl sitzen und Kaffee trinken oder ein Buch lesen oder mit Freunden reden. Und da hätte es mir besser gepasst, wenn er ein stilles Kind gewesen wäre, das ruhig danebengesessen und gespielt hätte. Er wurde zum Gegner meiner Interessen. Je mehr ich versuchte, ihn still zu halten, umso stärker wurden seine Verzweiflung und sein Widerstand. Für ihn wie auch für mich wäre es besser gewesen, wenn ich stattdessen meine Kaffeetasse in die Hand genommen hätte, ihm gefolgt und an seinen Entdeckungen freudig interessiert gewesen wäre!

Meine Kinder Lina und Måns waren von einem ganz anderen Schlag. Sie lernten beide zu sprechen, lange bevor sie anfingen, sich von mir wegzubewegen. Sie benutzen die verbale Energie, um ihr »Nein« auszudrücken und ihren eigenen Weg zu finden. Als Lina einmal am Küchentisch saß und eine

Portion Kartoffeln mit Fisch serviert bekam, starrte sie das Essen lange an. Sie hatte ihren Teddy auf dem Schoß. Nach einer Weile meinte sie: »Teddy sagt, dass der Fisch gefährlich ist. Er beißt mich.« Dann kletterte sie resolut vom Stuhl hinunter und ging davon. Das war ihre Art, »Nein« zu sagen. Zu der Zeit war ich der Meinung, dass meine Kinder alles, was auf den Tisch kam, probieren sollten. Heutzutage finde ich diese Idee zwar ambitiös, aber idiotisch. Heute bin ich dafür dankbar, dass Lina es schaffte, mich zu überlisten.

Wenn ich sie morgens zur Tagesmutter bringen wollte, legte sie sich in aller Ruhe auf den Fußboden im Flur und zog eine Decke über ihre Beine.

»Beine weg, Mama«, sagte sie, wenn ich zu ihr kam.

In diesem Fall durfte sie nicht entscheiden. Ich musste zur Arbeit. Aber trotz allem konnte ich sie respektieren und verstehen, wenn sie mir in dieser Weise klarmachte, dass sie lieber zu Hause bleiben wollte. Wir beschäftigten uns eine ganze Weile damit, die Beine wieder festzuschrauben. Kichernd und lachend konnten wir uns dann doch auf den Weg zur Tagesmutter machen. Ich hatte ihr Nein respektiert, auch wenn dies nicht bedeutete, dass sie zu Hause bleiben durfte, wie sie gerne gewollt hätte.

Sogar Måns hatte einen Teddy. Wenn Oma zu Besuch kam und in ihrer erwachsenen Weise zeigte, dass sie eine Umarmung von ihm erwartete, tat er einen vorsichtigen Schritt rückwärts. Er streckte seinen Teddy hervor und sagte: »Teddy will knuddeln.« Oma war schnell von Begriff und umarmte den Teddy.

Für mich als Erwachsene war der Umgang mit Linas und Måns' »Nein« viel angenehmer. Es war leichter für mich, mit ihren Botschaften umzugehen und sie zu verstehen, ohne selbst in ein negatives Reaktionsmuster zu verfallen. Es konnte aber verlockend sein, ihr »Nein« zu verachten, indem ich *über* sie lachte und sie nicht ernst nahm. Oder mir nicht die Zeit zu nehmen, innezuhalten und unter ihren Bedingungen zu kommunizieren. Wenn ich mich so verhielt, gab es sofort Komplikationen. Dann hauten sie beispielsweise ab und versteckten sich, oder sie gaben der Katze den Fisch, wenn keiner hinsah.

Kinder sind keine Geschöpfe, *über* die man lachen sollte. Sie sind offenkundig intelligent, auch wenn ihnen nicht klar ist, wie sie diese Intelligenz nutzen sollen. Und kleine Kinder fordern sehr viel Zeit.

Als Kristin geboren wurde, hatte ich verstanden, dass ein »Nein« von einem Kind den empfindlichen Anfang des Prozesses darstellt, bei dem das Kind lernen soll, seine eigenen Gefühle und Gedanken zu verstehen und allmählich festzustellen, was es selbst will. Das bedeutet aber nicht, dass die Kinder immer bekommen sollen, was sie wollen. Ich stellte fest, dass Kristin, als sie mir mit ruhiger Überzeugung »Nein« sagen konnte, auch dazu fähig war, von mir ein »Nein« zu akzeptieren, ohne eine persönliche Kränkung hineinzuinterpretieren. Sie hatte das Recht, Nein zu sagen, und ich hatte das Recht, Nein zu sagen.

Kristin, 2,5 Jahre: »Ich will meine Mütze nicht aufsetzen. Sie kratzt.«

Mama: »Ja, das ist wohl richtig. Du hast recht. Es ist nicht immer schön, eine Mütze zu tragen. Aber heute ist es kalt, und du musst auf jeden Fall deine Mütze aufsetzen.«

Es kann verlockend sein, eine lange Erklärung zu präsentieren und sich auf eine Diskussion einzulassen: »Wenn du keine Mütze aufsetzt, wirst du krank. Du kannst eine Gehirnentzündung bekommen und sterben.« Was kleine Kinder aber nur wollen, ist, einen deutlichen Bescheid zu bekommen und sie möchten sich dabei respektiert fühlen können.

Als Kristin größer wurde, stellte sie fest, dass andere Menschen nicht dieselbe Einstellung wie wir zum Recht, Nein zu sagen, hatten. Als sie sechs Jahre alt war, rief eine Schulfreundin bei ihr an.

»Hallo, Kristin! Wollen wir spielen?«

Kristin überlegte. Sie war daran gewöhnt, auf ihre eigenen Bedürfnisse zu hören.

»Nein«, antwortete sie. »Ich möchte heute nicht spielen. Ich muss ein Bild malen.«

Am nächsten Tag kam sie von der Schule nach Hause und sah mich verwirrt an.

»Mama. Susanna sagt, dass ich gemein bin und dass ich sie im Stich gelassen habe. Das verstehe ich nicht!?«

In einem etwas schmerzhaften Gespräch musste ich Kristin erklären, was vermutlich passiert war: »Als du zu Susanna sagtest, dass du nicht mit ihr spielen wolltest, hat sie es persönlich genommen. Sie wurde traurig und dachte, du magst sie nicht mehr. Das ist schade, aber daran kannst du wohl nichts ändern. Wenn man anderen Menschen gegenüber ehrlich ist und ihnen sagt, was man denkt und fühlt, muss man damit rechnen, dass manche wütend oder traurig reagieren. Aber das geht vorüber. Und du solltest weiterhin dir selbst gegenüber ehrlich sein.«

Wenn man seinem Kind eine Frage stellt, muss man immer auch bereit sein, ein »Nein« zu akzeptieren.

Was kann man daraus noch lernen?

Kinder in diesem Alter bringen ein »Nein« auf ganz verschiedene Weisen zum Ausdruck. Sie haben unterschiedliche Strategien, um sich von Mama und Papa zu befreien und eigene Abenteuer zu suchen. Sie sagen nicht aus Trotz »Nein«, auch nicht, weil sie mit ihrer Umgebung Streit suchen. Sie sagen eher »Nein«, um ihre eigene Integrität zu schützen und zu ihrem Ich »Ja« zu sagen. Als Erwachsene wissen wir sehr wohl, dass, wenn man nicht klar und deutlich »NEIN« sagen kann, man es auch nicht voll und ganz schaffen wird, »JA« zu sagen. Kinder sind wahrscheinlich nicht immer ganz ehrlich sich selbst gegenüber.

Ich habe viele Erwachsene kennengelernt, die zu diesem oder jenem »Ja« und »Danke« gesagt haben, um dann später darüber zu seufzen oder das Gesicht zu verziehen. Sie haben sich mit ihrer Entscheidung überhaupt nicht wohlgefühlt. Sie haben »Ja« gesagt aus Angst davor, »Nein« zu sagen und die daraus folgenden Konsequenzen zu tragen.

Heute sehe und verstehe ich, dass Tobias damals mutig war, weil er sich traute, mir zu trotzen. Die Konsequenz war ja, dass ich ihn ablehnte und ihm sogar meine Liebe verweigerte. Und wenn es etwas gibt, vor dem wir Menschen Angst haben, dann ist es, ungeliebt zu sein. Aus dieser Sicht begreift man, welch unerhört mächtige Kraft sich hinter dem Willen des Kindes, allein zurechtzukommen, verbirgt.

Die Abnabelung, die in diesem jungen Alter beginnt, ist der Anfang von etwas, das das ganze Leben lang fortdauern wird. Es kann deshalb sehr schlau sein, die einzigartige Weise des einzelnen Kindes, mit diesem Prozess umzugehen, kennenzulernen und zu respektieren.

Als meine beiden jüngsten Mädchen, Kristin und Nelly, zwischen einem und drei Jahren alt waren, hatte ich als Mutter viel mehr Erfahrung und ein viel sichereres Fundament. Bei ihnen verlief der Abnabelungsprozess ein bisschen wie eine gute Mischung aus meinen älteren Kindern. Wir gerieten nur selten in Konflikt miteinander. Unsere Beziehungen waren von Anfang an von größerer Gegenseitigkeit geprägt.

Ich war toleranter, ließ mehr zu und hatte die meisten meiner sturen Vorstellungen und Bilder davon, was richtig oder falsch ist, über Bord geworfen. Ich konzentrierte mich vielmehr darauf, diese beiden Individuen kennenzulernen und eine Umgebung zu schaffen, die in vielerlei Hinsicht ihren Bedürfnissen angepasst war.

So gestalteten wir ein für alle angenehmes Klima

- Wir achteten als Eltern darauf, dass wir immer einen Schritt voraus waren. Dies bedeutete unter anderem, dass wir versuchten, die Bedürfnisse der Kinder im Voraus zu erkennen. Beispielsweise sorgten wir dafür, dass das Essen bereit war, bevor das Kind vor Hunger wie verrückt schrie. Wir bereiteten die Kinder schon morgens darauf vor, dass es draußen kalt ist und wir alle uns richtig warm anziehen müssen.
- Am Esstisch gab es wenige Regeln. Wir ermunterten sie dazu, jedes Essen zu probieren, zwangen sie aber niemals. Manchmal erkannten wir, dass sie zu müde, zu verschnupft oder zu aufgedreht waren, um sich für das Essen zu interessieren. Dann haben wir etwas Einfaches gekocht, z. B.

Milch- oder Hagebuttensuppe. Wir servierten das Essen so, dass es für die Kinder interessant war. Kinderaugen mögen Essen, das in Farbe und Form klar getrennt und überschaubar ist. Keine zusammengewürfelten Eintöpfe, bei denen man nicht erkennen kann, was drin ist. Und gelegentlich ist eine Banane in der Hand besser als ein Würstchen auf dem Teller.

- Wir hatten beide die Möglichkeit, unsere Arbeitszeit auf 75 Prozent zu reduzieren, damit die Kinder nicht so viele Stunden in den vorschulischen Einrichtungen verbringen mussten.

- Wir richteten unser Haus nach ihren Bedürfnissen ein. Wir stellten beispielsweise keine filigranen oder wertvollen Gegenstände in die Regale, und wir benutzten keine Tischdecken. Alles, an das die Kinder herankommen konnten, war für sie zugänglich. Sowohl draußen wie auch drinnen gab es Orte, die für ihre motorischen Spiele förderlich waren, z. B. Matratzen, auf denen sie herumspringen durften, und Bretter, auf denen sie balancieren konnten.

- Wir interessierten uns für ihre Spiele und Erlebnisse.

- Wir forderten nie, dass sie unser Bedürfnis nach Nähe und Liebe zufriedenstellen mussten.

- Wir vermieden es, mit den Kindern ins Einkaufszentrum zu fahren. Ganz besonders nachmittags. Große Kaufhäuser können für Eltern mit kleinen Kindern zum traumatischen Horrortrip werden.

- Wir vermieden es, den Kindern Fragen zu stellen, wenn wir nicht dazu bereit waren, von ihnen ein »Nein« zu respektieren.

Braucht man kleinen Kindern keine Grenzen zu setzen?

Es ist für uns Erwachsene in vieler Hinsicht kein Problem, den Bedarf der Kinder nach Geborgenheit zu verstehen. Wir wissen, dass die Kinder es brauchen, dass man sich um sie kümmert, ihnen Liebe, Essen und Nähe gibt. Dagegen kann es schwieriger sein, ihr Verlangen nach Ungeborgenheit nachzuvollziehen. In unserem eigenen erwachsenen Leben streben wir meistens nach Geborgenheit. Wenn es aber allzu geborgen wird, entsteht Langeweile. Wer möchte sich schon jeden Abend denselben Spielfilm anschauen? Wer möchte tagein, tagaus immer wieder dieselben Sachen tun?

Nein, wir möchten überrascht werden! Wir möchten ein gewisses Kitzeln in der Magengrube verspüren, weil etwas Neues und Spannendes und Unbekanntes passieren könnte. Überleg doch nur mal, wie es sich anfühlt, verliebt zu sein! Oder wie es ist, einen neuen und heiß begehrten Job, ein neues Zuhause, eine ganz besondere Urlaubsreise zu bekommen oder eine unerwartet fesselnde Begegnung zu erleben. Kinder sind jeden Tag verliebt. In das Leben. Es ist immer wieder neu und spannend, und nichts ist selbstverständlich. Ihre ganze kindliche Natur besteht aus Neugierde. Sie möchten die Welt erforschen und ihre Grenzen austesten und erweitern. Sie wollen auch das, was ein bisschen gefährlich, neu und unerprobt ist, ausprobieren und ihre Ängste überwinden.

Es ist unmöglich, jeder Situation, die für ein Kind gefährlich werden könnte, vorzubeugen oder ein Umfeld zu schaffen, in dem man nie Stopp sagen muss.

Bei manchen Kindern verläuft alles rasend schnell, und bevor man es überhaupt mitbekommt, haben sie etwas entdeckt, das für sie gefährlich werden könnte oder sie in die eine oder andere problematische Lage versetzt. Hat man dann auch noch mehr als ein Kind, auf das man sich konzentrieren muss, ist die Wahrscheinlichkeit noch größer, dass etwas schiefläuft. Es kann schon ausreichen, wenn man sich für ein paar Sekunden wegdreht.

Mein Enkelkind Harry legte ein Wahnsinnstempo vor, als er uns im Alter von zwei Jahren besuchte. Da wir selbst keine Kleinkinder mehr im Haus hatten, war unser Zuhause nicht gerade der ideale Ort für den kleinen Burschen.

Vor seinem Besuch hatten wir schon einiges weggeräumt, aber eben nicht alles. Ein hübscher, blauer Eimer mit frisch eingepflanzten, goldgelben Blumen stand auf unserer Terrasse. Harry sauste zu ihm hin, pflückte die Blumen mit großem, spielerischem Fingerknipsen ab und verteilte sie über den Rasen.

Bei einer anderen Gelegenheit entdeckte Harry unseren interessanten Badezimmerschrank mit mehreren Glastüren, die in verschiedene Richtungen aufgingen. Mit freudigen Ausrufen öffnete er eine Schranktür nach der anderen und machte sie wieder zu, sodass die Scheiben wackelten. Hinter einer Tür entdeckte er einen großen Becher mit mehreren bunten Zahnbürsten. Er griff alle Bürsten wie ein Bündel und warf sie auf den Fußboden, um sich dann wieder dem Spiel mit den Türen zu widmen.

Diese beiden Fälle sind gute Beispiele dafür, dass solche Sachen blitzschnell und aus einer plötzlichen Eingebung des Kindes heraus passieren.

In beiden Fällen habe ich in derselben Weise reagiert. Ich ging schnell zu Harry, sorgte dafür, dass wir Blickkontakt bekamen, hielt ihn fest umarmt, schüttelte meinen Kopf und sagte: »Stopp!« Bestimmt, aber freundlich. Darauf habe ich ihn zu einem anderen Ort getragen, wo ich ihm helfen konnte, sich zu einem anderen Spiel inspirieren zu lassen.

So kannst du deinem Kind auf respektvolle Weise Grenzen setzen:

- Blickkontakt
- Körperkontakt
- Eine bestimmte, aber freundliche Stimme
- Ablenkung hin zu etwas anderem

Man wird es nicht immer schaffen, eine brenzlige Situation in dieser Weise zu klären. Wenn Harry gerade vorhat, etwas Hartes auf seinen kleinen Bruder zu werfen oder auf die Straße zu rennen, muss man ihn natürlich ganz einfach zurückhalten bzw. hochheben. »Stopp!« zu sagen ist besser als »Nein!«. Das Wort »Stopp!« ist nicht so sehr mit Bewertungen beladen, sondern bedeutet schlicht und einfach stopp.

Hinter jeder Handlung des Kindes steckt das Bedürfnis, kreativ zu sein oder etwas zu erleben. Deshalb ist es wichtig, dem Kind dabei zu helfen, eine positive Alternative zu suchen.

Harrys kleiner Bruder Sigge forderte die Geduld seiner Eltern heraus, indem er ständig ins Badezimmer lief und den Startknopf der Waschmaschine drückte, sodass sie anfing, zu waschen, oder eben mitten im Waschgang gestoppt wurde. Obwohl die Eltern »Stopp!« sagten und ihn erfolgreich ablenkten, kehrte er immer wieder zum Waschmaschinenknopf zurück.

Schließlich fanden sie eine Alternative, die für alle gut funktionierte. Sigge bekam seinen ganz eigenen Ersatzknopf im Badezimmer, mit dem er lustige Geräusche erklingen lassen konnte, wenn er darauf drückte.

Hat man kreative Kinder, muss man die eigene Kreativität entsprechend entfalten!

Manchmal treffe ich Eltern, die ihre Kinder in Grund und Boden reden. Aus reinem Wohlwollen heraus möchten sie, dass die Kinder das verstehen, was sie selbst erst nach vielen Jahren voller verschiedenster Erfahrungen begriffen haben:

»Wenn du die Schranktüren zuknallst, werden die Glasscheiben kaputtgehen. Das ist gefährlich. Du könntest dich daran verletzen, und wir müssten schnell zum Arzt fahren.«

»Wenn du die Waschmaschine ausstellst, haben wir morgen keine sauberen Sachen zum Anziehen. Dann musst du ganz nackt in den Kindergarten gehen.«

Für ein zweijähriges Kind ist es vollkommen ausreichend, wenn es gestoppt und abgelenkt wird. Auch wenn man seinem Kind in einer guten Weise begegnet, sollte man bedenken, dass alle Kinder verschieden sind und dass sie nicht nach irgendeiner vorgegebenen Entwicklungsschablone reagieren. Es gilt, den eigenen Kopf von jedweder vorgefassten Meinung darüber, was ein gutes oder ein schlechtes Kind ist, zu befreien. Manche Kinder akzeptieren auf Anhieb ein Stopp und lassen sich bereitwillig zu etwas Neuem ablenken. Das heißt nicht, dass sie bessere Kinder sind als diejenigen, die wiederholt ein Stopp oder ständige Ermahnungen brauchen!

Allen Kindern gemeinsam ist aber, dass sie alles, was ihnen Aufmerksamkeit bringt, positive oder negative, wiederholen werden. Genau wie wir Erwachsene wollen auch die Kinder sich einzigartig, besonders und bedeutungsvoll fühlen. Widmen wir ihnen immer wieder viel Zeit und Aufmerksamkeit, wenn sie etwas Gefährliches oder Schlechtes tun, während wir sie eigentlich daran hindern wollen, kann es genau den gegenteiligen Effekt haben.

Stellt man einem Kind eine Frage, kann man, wie gesagt, ein Nein oder eine Antwort, die man nicht wollte, bekommen. Manchmal ist es also für alle Beteiligten besser, wenn man gar nicht fragt. Als Harry drei Jahre alt wurde, übernachtete er zum ersten Mal ganz allein bei Oma. Am ersten Morgen machte ich wohlwollend den Fehler, ihm viel zu viele Fragen zu stellen: »*Was* möchtest du zum Frühstück essen? Möchtest du ein Toastbrot oder vielleicht ein Ei oder lieber Haferbrei?«

Für Harry war es schon überwältigend genug, allein bei Oma zu sein, und so konnte er sich nicht auch noch eine Meinung darüber bilden, was es zum Frühstück geben könnte. Er konnte sich nicht entscheiden und antwortete auf jede Frage sowohl Ja als auch Nein. Und da stand ich, mit hängenden Schultern.

Am nächsten Morgen bereitete ich einen Frühstücksteller für ihn vor. Toastbrot mit Käse, in Stückchen geschnitten, ein Glas Saft und Weintrauben. Ich sagte: »Bitteschön. Hier ist dein Frühstück.« Und Harry nahm dankbar den Teller entgegen und aß mit gutem Appetit.

Es gilt, genau abzuwägen und einen Mittelweg zu finden zwischen dem Bedürfnis des Kindes, selbst entscheiden zu können, und seinem Bedürfnis danach, dem Erwachsenen die Entscheidung zu überlassen.

Wenn das Kind haut

»Am liebsten hätte ich dem Kerl eine Ohrfeige verpasst«, sagte eine Frau, der es nicht gelungen war, ihren Chef von einer Veränderung an ihrem Arbeitsplatz zu überzeugen. Sie zog Grimassen und tat so, als würde sie ihn schlagen. Dann ging sie mit düsterer Miene wieder an die Arbeit. Der Impuls, einem anderen Menschen schaden zu wollen, wenn man voller Wut steckt, ist nichts Außergewöhnliches. Ich höre täglich solche Aussagen.

Dagegen ist es nicht üblich, dass erwachsene Menschen wirklich handgreiflich werden. Aber das Gefühl ist da. Erwachsene Menschen fügen sich meistens in subtilerer Weise Schaden zu. Durch Hinausekeln aus der Gemeinschaft oder Verbreitung von Gerüchten beispielsweise.

Jeder Mensch, der das Gefühl, nicht verstanden zu werden, oder das Gefühl der Ohnmacht erlebt hat, weiß, wie frustrierend und schwierig es ist. Der ganze Körper reagiert. Der Puls auch. Sogar die Speichelproduktion. Die Hände werden zu Fäusten geballt. Die Muskeln sind angespannt. Die Kiefer werden zusammengebissen. Die Atmung wird schnell und flach. Wir wollen schreien, weinen oder in etwas hineinbeißen.

Aber glücklicherweise werden wir dabei selten gewalttätig. Stattdessen greifen wir zum Telefon und reden mit unserer besten Freundin. Oder mit dem Therapeuten. Oder wir gehen ins Sportstudio und heben Gewichte. Oder schreiben einen wütenden Leserbrief und setzen ihn in die Zeitung. Oder wir demonstrieren vor dem Bundestag. Oder nehmen uns einen Tag Urlaub.

Bestenfalls haben wir als Erwachsene eine konstruktive Lösung gefunden, um unsere Wut loszuwerden.

Wenn kleine Kinder sich machtlos und frustriert fühlen, weil sie nicht verstanden werden, reagieren sie genau wie wir Erwachsenen, mit dem Unterschied, dass sie eher handgreiflich werden. Bei einigen Kindern kann dies ganz schnell passieren. Wenn sie sich mit Worten nicht ausdrücken können, treten, beißen oder hauen sie. Aber kleine Kinder greifen nie andere Menschen an, um ihnen Schaden zuzufügen. Sie fühlen sich frustriert, und sie reagieren. Auch wenn sie schon viele Wörter kennen, bedeutet das nicht, dass sie es auch schaffen, ein kompliziertes Erlebnis mit Worten zum Ausdruck zu bringen:

»Ich werde wütend und rege mich total darüber auf, dass ich morgens so früh aufstehen muss, nur weil du zur Arbeit musst. Und dann muss ich auch noch die blöde, kratzige Mütze aufsetzen.«

Es ist für ein zweijähriges Kind nicht gerade einfach, um sieben Uhr morgens solche Themen mit seinen Eltern zu diskutieren.

Oder: »Ich werde sauer und traurig, weil ich meine Sachen nicht für mich behalten kann. Ich will meinen kleinen Bruder nicht hierhaben, wenn er immer alles kaputt macht.«

Auch Drei- oder Vierjährigen fällt es nicht leicht, diese Sachen mit den Eltern zu diskutieren, wenn die doch gerade vollauf mit Kochen beschäftigt sind oder ein wichtiges Telefongespräch führen.

Als Tobias klein war, reagierte er oft mit Wut. Er konnte Dinge durch die Gegend werfen, treten und schreien. Ich machte den Fehler, mit genauso viel Wut zu reagieren. Ich versuchte genervt, ihn dazu zu bringen, mit dem Geschrei, dem Treten oder Werfen aufzuhören. Statt eines frustrierten Menschen gab es dann *zwei* von der Sorte. Ich stellte Fragen wie: »Warum haust du?« Aber er konnte mir selbstverständlich keine Antwort geben. Er wusste es genauso wenig wie ich. Sein ganzer Körper war in Aufruhr und sagte NEIN.

Als Kristin klein war, hatte ich dann schon mehr Erfahrung. Sie hatte ebenfalls sehr viel Energie und konnte heftig reagieren und mit dem ganzen Körper Nein sagen. Aber ich wusste nun, dass es keine gute Idee war, auf ihre Wut mit genau derselben Wut zu reagieren.

Wenn ein kleines Kind haut und schreit, braucht es Hilfe beim Umgang mit seinen Ohnmachtsgefühlen und Frustrationen. Ich umarmte Kristin fest, strich ihr über die Haare und sprach beruhigend auf sie ein oder sagte gar nichts.

Ich gestand ihr das Recht zu, diese Gefühle zu empfinden und zu zeigen, und ich half ihr dabei, eine konstruktive Lösung für die Situation zu finden. Bei Kristin ging es meistens darum, dass sie Ruhe vor ihren Geschwistern haben wollte. Sie hatte ein großes Bedürfnis, allein zu sein, und dieses Bedürfnis hat sie auch heute noch ganz oft. Jetzt kann sie sich aber mit Worten ausdrücken und selbst die Freiräume, die sie für ihr Wohlbefinden braucht, schaffen.

Dies war für sie im Alter von zwei oder drei Jahren einfach eine Unmöglichkeit.

Was geschieht mit mir als erwachsenem Menschen?

Wenn unsere eigenen Bedürfnisse mit denen des Kindes kollidieren, ist es ein Leichtes, die Probleme auf das Kind zu projizieren. Dabei möchten wir vielleicht gerade einfach schlafen, die Zeitung zu Ende lesen, in aller Ruhe essen, mit Freunden reden, eine Radiosendung hören, zur Toilette gehen, Sex haben, das Auto sauber machen.

Manche Kinder sind einmal am Tag frustriert, und im Übrigen kannst du in aller Ruhe sitzen und deinen Kaffee trinken. Andere lassen sich hundertmal am Tag frustrieren, und da wird es dann schon zu einer Herausforderung, immer und immer wieder mit ruhiger und bestimmter Freundlichkeit einzugreifen und dem Kind in seiner kleinen bzw. großen Verzweiflung oder Wut zu helfen. Leicht entsteht der Gedanke: »Er müsste es doch jetzt kapiert haben. Ich habe ihm doch schon tausendmal geholfen!«

Aber manche Kinder brauchen einfach mehr Hilfe als andere, und es kann hilfreich sein, stattdessen zu denken: »*Gerade jetzt* ist es so, es wird nicht für immer so bleiben.«

Ich weiß immer noch, wie ich mich wutschnaubend dem zwei Jahre alten Tobias gegenüber beklagte: »Aber ich darf doch wohl zumindest in aller Ruhe duschen gehen!« Auch andere Eltern haben sich bei mir oft über ihre Kinder beklagt, weil sie der Meinung waren, sie hätten nie genug Zeit für sich selbst.

Eine Mutter von Kleinkindern, die mich besuchte, hatte gerade einen neuen Job als Leiterin einer kommunalen Verwaltungsbehörde bekommen. Sie war auf Anhieb sehr erfolgreich in ihrem Job und fühlte sich in dieser leitenden Position, bei der sie verschiedenste Aufgaben verteilte, richtig wohl. Aber als sie zu mir kam, weinte sie und beklagte sich: »Auf der Arbeit fühle ich mich stark und sicher. Aber wenn ich nach Hause komme, bin ich nur noch genervt und sauer. Ich schimpfe mit den Kindern und bin gestresst, weil sie die ganze Zeit meine Aufmerksamkeit verlangen. Nicht mal eine Tasse Tee kann ich in Ruhe trinken.«

Wenn man ein bis drei Jahre alt ist, fordert man noch immer die mehr oder weniger sofortige Zufriedenstellung aller Bedürfnisse. Man lebt ausschließlich im Jetzt. »Später« und »warten« sind unbegreifliche Begriffe. Ist man dann auch noch ein sehr aktives Kind mit viel Energie, kann der Bedarf nach unmittelbarer Zufriedenstellung der kindlichen Bedürfnisse unendlich erscheinen. Wenn auch die Erwachsenen ihre Bedürfnisse *sofort* zufriedenstellen wollen, ist eine Kollision unvermeidbar. Hat man früher im Leben seine eigene Geduld nicht trainieren müssen, dann wird man nicht mehr darum herumkommen, wenn man Kinder bekommt! Dann ist es an der Zeit, eigene unmittelbare Bedürfnisse zur Seite zu schieben und zu warten.

Ein kleines Kind kann niemals die Verantwortung für die Bedürfnisse seiner Eltern übernehmen. Aber wir Erwachsenen haben die Verantwortung für die Bedürfnisse unserer Kinder. Und auch noch für unsere eigenen. Kein anderer wird es für uns tun.

Sind zwei Erwachsene in der Familie, kann man sich auf jeden Fall gegenseitig freie Zeit gewähren, in der man zumindest einen Teil der eigenen Bedürfnisse zufriedenstellen kann, auch wenn es meist im Nachhinein geschieht. Ein langer Spaziergang in aller Ruhe oder ein Kinoabend mit Freunden kann ausreichend sein. Ein paar Stunden ganz für sich allein, in denen man mal durchatmen kann. Aber trotz allem wird man vieles erst mal beiseiteschieben müssen.

Ein Kind im Alter von einem bis drei Jahren hat keine bewusste Strategie, um das Leben seiner Eltern zu sabotieren. Die Kleinen sind oft unzuverlässig im Hinblick darauf, dass man selten kontrollieren kann, wie sie sich verhalten bzw. reagieren. Aber genau das ist es ja, was bei Kindern so faszinierend und spannend ist! Und folgt man dem Rhythmus seines Kindes, kann man hin und wieder auch ruhige Phasen entdecken, in denen man zu zweit kurze meditative Zeiten erleben kann.

Die Kleinkindmama, die ich vorhin erwähnte, sagte mir bei einem späteren Treffen: »Jetzt fühlt es sich besser an. Auf der Arbeit habe ich die Kontrolle. Zu Hause habe ich keine. Und genau das ist mein Problem. Nicht die Kinder. Sie können nichts dafür, dass ich am liebsten alles immer im Griff habe. Jetzt versuche ich mich zu entspannen und alles so zu nehmen, wie es kommt. Und das tut mir in der Tat gut. Ich muss lernen, auf die Kontrolle zu verzichten und an dem teilzuhaben, was gerade geschieht. Spontaner sein. Allmählich kann ich akzeptieren, dass die Ordnung zu Hause nicht so perfekt wie in einem Möbelkatalog sein kann. Anstatt zu versuchen, alles super und ordentlich hinzubekommen, habe ich jetzt angefangen, mich mit den Kindern zusammen auszuruhen und mit ihnen ihre Kindersendung im Fernsehen anzuschauen. Die Kinder und auch ich sind dadurch viel ruhiger geworden.«

Die Fähigkeit, sich den Gegebenheiten, wie sie sich auch gestalten mögen, hinzugeben und auf die Kontrolle zu verzichten, ist etwas, das du als Mutter oder Vater lernen kannst, und du wirst dich später dein Leben lang daran erfreuen, dass du es beherrschst.

~

Alle Menschen müssen Nein sagen können.
Wenn man Nein sagen kann,
kann man auch Ja sagen.

~

Wenn das Kind »ICH« sagt.
3 – 5 Jahre

Ich will, ich kann

Es ist ein warmer Sommermorgen und Lina, drei Jahre alt, steht vor einem Spiegel, der von der Zimmerdecke bis zum Fußboden reicht. Sie ist am ganzen Körper von der Sonne schön braun und trägt nur ein kleines Höschen. Interessiert und konzentriert betrachtet sie sich selbst lange und untersucht jedes Detail. Den Bauch, der sich ein bisschen nach vorne wölbt. Den Bauchnabel. Die Falte an der Hüfte. Die Arme und die kleinen Finger. Die Zunge und die Zähne. Sie schließt ihr Unterfangen damit ab, dass sie die Arme ausbreitet, sich selbst direkt in die Augen schaut und mit einem strahlenden Lächeln ausruft: »Wie hübsch ich bin!«

Wenn nur wir Erwachsenen unsere Tage auch in dieser Weise beginnen könnten! Wie anders wäre unsere ganze Gesellschaft, wenn wir alle mit uns selbst zufrieden und stolz auf unsere Leistungen wären!?

Wenn die Kinder drei bis fünf Jahre alt geworden sind, werden die Worte und die Sprache die Wege der Kommunikation immer mehr dominieren. Trotzdem achten sie weiterhin mit derselben selbstverständlichen Intensität wie vorher auf die Körpersprache, den Tonfall und die Blicke anderer Menschen. Wo die Kinder bisher von sich selbst in der dritten Person gesprochen haben – »Kristin will Eis haben« –, fangen sie jetzt an, das Wort ICH zu benutzen.

Ich bin, ich bin nicht, ich will, ich will nicht, ich kann, ich werde, ich muss, ich habe, ich komme.

Den selbstverständlichen Gebrauch des Ichs – ohne dabei Scham zu empfinden! – lernte ich selbst erst im Alter von 40 Jahren. Früher ließ ich alle Meinungsäußerungen mit MAN oder WIR anfangen. Man meint. Wir finden. Wir möchten. »Ich will« zu sagen war beinahe mit Todesangst verbunden. Plötzlich sollte ich allein dastehen mit meinen Ansichten, ohne jemanden, hinter dem ich mich verstecken könnte. Gleichzeitig bekam ich das Gefühl, dass es ganz wunderbar ist, wenn man sich traut zu sagen: »*Ich* bin aber dieser Meinung« oder »*Ich* will das«. Sich selbst der Umwelt gegenüber mit einem Ich zu präsentieren heißt, dass man sich an keinen anderen als an sich selbst anlehnt. Ich schöpfe meine Kraft aus meiner eigenen inneren Quelle und bin bereit, anderen Menschen so zu begegnen, wie ich bin. Wenige Veränderungen im Wortgebrauch sind so revolutionierend wie diese. Als ich mich endlich traute, »Ich« zu sagen, gab dies mir eine Kraft, die mir eröffnete, dass ich die Fähigkeit hatte, *mein Leben zu beeinflussen und zu verändern.*

Wenn ich möchte, dass meine Kinder dieses ganz persönliche Personalpronomen so anwenden, dass es ihr Leben auf eine positive Weise beeinflusst, dann ist es wichtig, dass ich selbst dieses Wort benutzen kann. Wenn ich für meine Gedanken und Ansichten geradestehe, vermittle ich auch meinem Kind, wie es sich verhalten soll. Zwischen den zwei folgenden Ermahnungen gibt es einen riesigen Unterschied: »Hör auf damit, auf dem Tisch herumzuklettern! Das macht *man* nicht« und: »*Ich* möchte, dass du sofort vom Tisch herunterkommst.«

Wenn ich das Wort »man« benutze, übertrage ich die Verantwortung auf irgendeine unsichtbare Macht, die weder für mich noch für das Kind greifbar ist. Drücke ich mich stattdessen mit einem »Ich« aus, trete ich stark und deutlich hervor. Ich zeige, dass ich vollauf imstande bin, die Dinge zu beeinflussen.

Ich zeige meinem Kind eine Verhaltensweise, die einen entscheidenden Einfluss auf sein zukünftiges Vermögen, sein eigenes Leben zu beeinflussen und zu verändern, hat.

»Ich will und kann mein Leben beeinflussen.«

»Meine Ansichten und Gedanken sind wertvoll.«

»Ich kann auch auf meine Umgebung Einfluss nehmen.«

Sicherlich kann man diese Haltung auch später im Leben antrainieren, aber sie bekommt dann nie die selbstverständliche Kraft und Energie, die zum Kleinkindalter dazugehören.

Ich treffe täglich erwachsene Menschen, sogar hoch qualifizierte Pädagogen, die Angst davor haben, das Wort »Ich« anzuwenden. Aus irgendeinem Grund sind sie, genau wie ich, mit einer verurteilenden und negativen Auffassung dieses Begriffes aufgewachsen. Als Kind bekam ich beispielsweise zu hören:

»Eigenlob stinkt.«

»Reden ist Silber, Schweigen ist Gold.«

»Wenn man sagt, was man haben will, ist man ungezogen.«

»Wenn du ›Nein danke‹ sagst, bist du wählerisch.«

Auch wenn sie nicht immer geradeheraus zum Ausdruck kam, gab es doch eine unterschwellige Botschaft, die alles durchdrang. Und die leuchtend klar war: »Was du willst oder denkst, ist vollkommen uninteressant. Du bist klein, und es sind die Großen, die alles wissen und können.«

Wenn man solches im Alter von etwa drei Jahren immer wieder zu hören bekommt, ist das Risiko sehr groß, dass man es weiterhin glauben wird, selbst wenn man 43 ist. »Ich bin klein, und was ich denke und will, ist uninteressant.«

Als Tobias vier Jahre alt war, sollte er zum Geburtstag ein neues Fahrrad geschenkt bekommen. Als wir mit ihm in den Fahrradladen gingen, lief er sofort zu einem blauen Fahrrad mit Bananensattel. Es war ein cooles Bonanzafahrrad mit goldenen Längsstreifen in der Lackierung und anderen spannenden Details. Ich selbst hatte mir etwas ganz anderes vorgestellt. Ein solides, sicheres, rotes Fahrrad mit normalem Sattel und ohne unnötigen Krimskrams.

»Ich will das hier haben«, sagte Tobias und stieg auf das blaue Fahrrad.

»Nein«, sagte ich. »Wir nehmen dieses«, und zog ein rotes Fahrrad hervor.

Natürlich endete alles damit, dass wir beide schrien und weinten. Ich war wütend und enttäuscht, weil Tobias keine Dankbarkeit zeigte, obwohl er ein ganz neues Fahrrad bekommen sollte. Und er war wütend und enttäuscht, weil ich nicht im Geringsten auf ihn hörte oder seine Ansichten respektierte.

Ich betrachtete ihn als undankbar und empfand dies als ein Problem, und er hatte sich selbst und seine Gedanken nicht mehr im Griff.

Heute verstehe ich, hätte ich ihm zugehört und seine Freude und seine Begeisterung für das blaue Fahrrad respektiert, hätten wir die Problematik ganz anders lösen können. Wir hätten in aller Ruhe darüber reden können, welches Fahrrad der beste Kauf wäre. Vielleicht wäre es das blaue Fahrrad geworden, weil es ein tolles und gutes Fahrrad war – wenn auch nicht nach meinem Geschmack. Vielleicht hätten wir uns für das rote Fahrrad entschieden, und Tobias hätte dabei gemerkt, dass ich ihm zugehört habe. Und vielleicht hätten wir als Kompromiss ein drittes Fahrrad gefunden.

Nur so hätte ich die Verantwortung dafür übernommen, dass ich ein vierjähriges Kind mit in ein Fahrradgeschäft genommen und es der Qual der Wahl zwischen allen Fahrrädern, die es so gibt, ausgesetzt hatte.

Möglicherweise findest du, dass es unnötig lange dauert und auch viel Kraft und Energie erfordert, mit den eigenen Kindern zu verhandeln. Wollen wir aber, dass unsere Kinder selbstständige Menschen werden, die fähig sind, an sich selbst zu glauben und ihr Leben selbst zu gestalten, ist die Zeit wohl doch gut investiert.

In manchen Fällen muss ich aber als Erwachsener die Entscheidung treffen und eventuelle Verhandlungen beenden. Ein Beispiel: Eine Mama steht im Flur im Kindergarten und wartet, während Frida, dreieinhalb Jahre, sich anziehen soll. Die Mama kaut Kaugummi. Sie sieht müde aus und versucht, ihre Tochter zur Eile anzutreiben. Aber Frida hüpft auf der Bank auf und ab und hört nicht auf sie.

»Zieh dich jetzt an«, versucht es die Mama. Frida bleibt stehen und schaut ihrer Mutter entschieden in die Augen.

»Ich will ein Kaugummi«, sagt sie.

Die Mutter seufzt und antwortet: »Nein. Du weißt doch, dass es nur samstags Süßigkeiten gibt.«

»Ich WILL ein Kaugummi«, sagt Frida mit einer lauteren und schrilleren Stimme.

Die Mutter sieht jetzt gestresst und nervös aus. Frida wiederholt ihren Wunsch mit noch schärferer Stimme.

Nun ändert die Mutter ihre Meinung und holt die Kaugummipackung hervor.

»O.k.«, sagt sie. »Du bekommst ein Kaugummi, dann musst du dich jetzt aber auch anziehen.«

»Ja, ja«, sagt Frida. Während sie das Kaugummi in den Mund stopft, setzt sie hinzu: »Ich will zwei.«

Jetzt hat die Mutter aber entschieden, dass die Verhandlung beendet ist. Beide sind sie müde und keine wird bei einer noch längeren Diskussion etwas gewinnen. Sie hebt Frida resolut auf ihren Schoß, zieht sie an und trägt sie ins Auto.

Mein ältester Sohn und meine beiden jüngsten Töchter wendeten Körpersprache, starke Gefühle und auch Worte an, um ihren Willen zum Ausdruck zu bringen. Die Folge waren oft lange und schweißtreibende Diskussionen, bevor wir uns einig wurden. Manchmal trafen wir als Eltern die endgültige Entscheidung. Die mittleren Kinder waren deutlich ruhiger und beherrschter. Mit ihnen fanden wir schneller eine Lösung.

Wie dein Kind in seinen Willensäußerungen funktioniert, ist nichts, was du beeinflussen kannst. Deshalb ist es wichtig, es auch in dieser Hinsicht nicht zu bewerten oder es mit anderen Kindern zu vergleichen. Eventuell gelingt es dir, dein Kind zu bestimmten Verhaltensformen zu ermuntern und es zu bestärken.

Du kannst dich bemühen und trainieren, beim Zuhören bzw. Verhandeln besser zu werden. Dies wird dir von Nutzen sein, egal in welchem Beruf du arbeitest. Ich traf einmal eine Frau, eine stolze Oma einer fünfjährigen Enkeltochter. Sie berichtete: »Es ist jetzt so lange her, dass ich selber Kinder hatte, dass ich gar nicht mehr weiß, wie man sich ihnen gegenüber am besten verhält. Kinder verhalten sich heutzutage nicht so, wie ich es als junge Mutter damals erlebte. Ich liebe meine Enkelin wirklich. Wir sehen uns nicht gerade oft, da wir weit voneinander entfernt leben. Aber wenn wir uns dann sehen, möchte ich so viel Zeit wie nur möglich mit ihr verbringen. Beim letzten Mal habe ich vorgeschlagen, dass sie und ich zusammen in die Stadt gehen und ein bisschen shoppen.

Fröhlich und guter Dinge begannen wir unsere Runde in einem großen Spielwarengeschäft, und ich fragte sie, was sie gerne haben möchte. Sie fing sofort an zu zeigen und zu erzählen, was sie alles haben wolle. ›Die will ich haben. Und das da!‹

Ich war ganz fasziniert und überrascht, dass sie so sichere Ansichten hatte und ganz klar sagen konnte, was sie wollte. Das hatten meine Kinder in dem Alter nie gemacht. Und als ich selbst Kind war, wäre es vollkommen undenkbar gewesen.

Überrumpelt von der ganzen Sache, kaufte ich ihr am Ende viel zu viele Sachen. Ihre Zielstrebigkeit bewirkte, dass ich keine Grenzen setzen konnte. Und das war sicherlich ganz falsch, oder?«

Als die Frau mir dies berichtete, konnte ich nicht überhören, wie groß ihre Liebe und ihr Respekt für ihre Enkelin waren. Es lag nicht an ihrer Angst, »Stopp« zu sagen, dass sie es zuließ, dass das Mädchen so viele Sachen kaufte. Es geschah aus Respekt und Demut vor ihrem Vermögen, ihren eigenen Willen zum Ausdruck zu bringen. Die Frau und ich einigten uns, dass dies trotz allem das schönste Geschenk war, das sie ihrer Enkelin machen konnte.

Dass dabei eine ganze Menge unnötiger Sachen eingekauft wurde, ist etwas, was man beim nächsten Mal ändern kann. Denn es ist möglich, dem Kind mit Respekt und Demut zu begegnen und trotzdem »Stopp« zu sagen.

So schlug ich der Frau vor, beim nächsten Einkauf von vornherein das Angebot zu begrenzen, indem sie festlegt, wie viele Dinge die Kleine kaufen darf. Oder sie könnte sich entscheiden, mit ihrer Enkelin etwas ganz anderes zu unternehmen. Ein großes Spielwarengeschäft mit einem Kind aufzusuchen ist kein leichtes Unterfangen!

Was kann man sonst noch daraus lernen?

Wenn man mit Kindern lebt, verläuft das Leben selten so, wie man es sich vorgestellt und geplant hat. Laufend tauchen Überraschungen auf. Manche Kinder überraschen einen mehr als andere.

Wenn die Kinder anfangen, ihren eigenen Willen mit Worten auszudrücken und »Ich will« oder »Ich will nicht« zu sagen, reicht es nicht mehr aus, per Körpersprache und Tonlage zu kommunizieren. Wir müssen dann anfangen, dies und jenes zu diskutieren, aber gleichzeitig daran denken, dass unser großer Wortschatz und unsere Erfahrungen uns dazu verleiten können, zu glauben, alles besser zu wissen. Manchmal wissen wir es vielleicht besser, aber eben nicht immer.

Kinder müssen sich darin üben, ihr eigenes Leben zu steuern und ihre Umgebung zu beeinflussen. Es ist wie beim Erlernen des Fahrradfahrens. Mal läuft alles prima, mal fällt man hin. Aufmunterung und Applaus der Erwachsenen bewirken, dass die Kinder sich wieder aufraffen und es noch mal versuchen. Das Gefühl, »Es klappt gut«, bzw. »Das hier werde ich bald draufhaben« und »Es wird mein Leben bereichern«, wird zur Triebkraft, immer und immer wieder einen neuen Versuch zu starten. Unsere aufmunternden Worte und unser Erfindungsreichtum sind also wichtig, damit das Kind das Gefühl bekommt, dass es auf sein Leben Einfluss nehmen kann.

Wenn Mama Lina zu ihrem dreijährigen Harry sagt, dass er seine Zähne putzen soll, schüttelt er nur den Kopf, läuft weg und schreit: »Nein!« Lina sieht, dass Harry übermüdet und aufgekratzt ist. Anstatt eine Diskussion darüber anzufangen, wie wichtig das Zähneputzen ist, holt sie eine Packung mit neuen Zahnbürsten hervor. Sie nimmt drei Stück heraus, eine blaue, eine rote und eine gelbe.

»Welche möchtest du haben?«, fragt sie.

Harry überlegt eine Weile.

»Die rote«, sagt er, folgt ihr ins Badezimmer und putzt seine Zähne.

Mama Lina entscheidet also, dass er seine Zähne putzen muss. Harry entscheidet, welche Zahnbürste er haben möchte. Und so sind beide zufrieden.

Dies ist nur *einer* von vielen Wegen bei der Konfliktlösung, ein Weg, der Harry das Gefühl vermittelt, dass er etwas beeinflussen und bestimmen kann. Beim nächsten Mal, wenn Harry sich weigert, seine Zähne zu putzen, wird Lina vielleicht ein Spiel vorschlagen und sagen: »Schaffst du es heute, deine Zähne zu putzen, während du die Augen zumachst, oder kannst du dabei auf einem Bein stehen?« Harry entscheidet auf Anhieb, die Augen beim Zähneputzen zuzumachen, und läuft mit seiner Mama ins Badezimmer. Das Wichtigste ist, dass die Zähne geputzt werden. Das Wissen und das Verstehen, warum es so wichtig ist, seine Zähne zu pflegen, kann man sich für später aufheben.

Es ist eine gute Idee, in sich selbst hineinzuhorchen und sich daran zu erinnern, wie man sich fühlt, wenn man keinen Einfluss auf die eigene Umgebung hat. In dieser Hinsicht besteht kein großer Unterschied zwischen einem Dreijährigen und einem 33-Jährigen. Wenn dein Chef dir sagt, dass du in ein anderes Büro umziehen musst, obwohl du dich in deinem alten Büro überaus wohlfühlst, kann es sich für dich viel besser anfühlen, wenn du beim Umzug zwischen drei verschiedenen Büros eines auswählen kannst. Oder wenn du für das neue Büro neue Möbel aussuchen darfst. In ähnlicher Weise kannst du deine Kinder an verschiedenen Entscheidungen beteiligen, beispielsweise wenn es darum geht, was sie anziehen möchten, was sie gerne essen oder welche Gutenachtgeschichte sie bevorzugen.

Kristin, vier Jahre, hatte ihr rosa Prinzessinnenkleid und ihre hübschen, silbernen Schühchen angezogen. Wir wollten los zum Kindergarten, draußen regnete es in Strömen, und es war kalt und windig.

»Es ist kalt draußen«, sagte ich. »Du musst etwas Wärmeres und auch noch deine Gummistiefel anziehen.«

»Nein«, sagte Kristin mit großer Bestimmtheit. »Ich friere nicht.«

Ich hörte an ihrer Stimme und sah an ihrer Körperhaltung, dass dies sehr wichtig für sie war.

»O.k.«, sagte ich. Ich holte eine Strumpfhose und eine lange Hose und bat sie, zu wählen, was sie unter dem Kleid anziehen möchte. Sie zog die Strumpfhose an.

Dann suchte ich zwei bunte Stoffbeutel hervor und fragte sie, welche sie für den Transport ihrer silbernen Schühchen haben möchte. Auch hier traf sie ihre Wahl und gab sich damit zufrieden, dass sie erst einmal ihre Gummistiefel anziehen musste.

Anstatt sie anzugreifen und zu versuchen, sie dazu zu überreden, etwas anderes anzuziehen, fand ich mit Kristin zusammen einen Kompromiss, bei dem sie sich das Gefühl bewahren konnte, an der Entscheidung beteiligt zu sein. Und ich zeigte ihr deutlich, dass ich ihre Wahl der Prinzessinnenkleidung respektierte.

In einem Schuhgeschäft, in dem ich neue Turnschuhe für Harry, drei Jahre, kaufen wollte, konnte ich mehrere verschiedene Verhaltensweisen Kindern gegenüber beobachten. Eine Mutter wollte Schuhe für ihre Tochter kaufen, und ein Vater war mit seinem Sohn beim Schuhkauf. Der Vater ließ den Blick über alle Schuhe wandern und fragte den Sohn: »Welche Schuhe möchtest du nun haben?« Der Sohn ging mehrmals an den Regalen hin und her und griff sich dann ein paar schwarze Schuhe mit Spiderman darauf.

»Nein, nein«, sagte der Vater. »Die Schuhe da taugen überhaupt nichts.«

Das heißt: Er stellte eine Frage, war aber nicht bereit, die Antwort zu akzeptieren. Der Junge schmiss sich auf den Boden und schrie wie wild. Der Vater fuhr fort: »Ach, du lieber Gott. Und ich dachte, du findest es schön, Schuhe zu kaufen.«

Die Mutter redete überhaupt nicht mit ihrer Tochter. Sie wandte sich an die Verkäuferin, und die beiden Frauen diskutierten, welche Schuhe bei nassem Wetter am besten seien. Als die Mutter sich für ein paar Schuhe entschieden hatte, bat sie ihre Tochter, sich hinzusetzen und die Schuhe anzuprobieren. Das Mädchen seufzte resigniert und setzte sich lustlos hin. Die Mutter meckerte sie genervt an, dass sie doch bitte mithelfen und sich freuen solle. Das Mädchen sank noch mehr in sich zusammen.

In meinen Augen reagierten die Kinder genau so, wie es zu erwarten war. Der Junge war verzweifelt, als sein Vater ihm eine Frage stellte, die Antwort aber nicht akzeptierte. Das Mädchen hatte längst die Hoffnung aufgegeben, überhaupt irgendetwas mitbestimmen zu können.

Ich habe mich selbst in beiden Eltern wiedererkennen können, und mit dieser Erfahrung als Stütze wurde ich an dem Tag eine vorbildliche Oma beim Schuhkauf! Schnell warf ich einen Blick über die verschiedenen Turnschuhe im Regal und stellte drei Paar, die preislich meinen Vorstellungen entsprachen, auf den Fußboden. Ein braunes, ein schwarzes und ein rotes Paar. Ich zeigte sie Harry.

»Welche Schuhe möchtest du haben?«, fragte ich.

Harry zeigte spontan auf die roten Schuhe. Selbst fand ich die braunen schöner, aber ich hatte ihn gefragt, und so durfte er wählen, welche er wollte. Wir waren beide zufrieden und fröhlich, als wir das Schuhgeschäft verließen.

Als Tobias ungefähr drei Jahre alt war, hatte ich die Regel eingeführt, dass er jedes Essen, das er serviert bekam, probieren sollte, und außerdem musste er das aufessen, was auf dem Teller war. Die Folge war, dass sich viele, viele Mahlzeiten zu einem Kampf zwischen uns beiden entwickelten, und wir verloren dabei beide. Als Antwort auf meine Strenge in Bezug auf das Essen leerte er den ganzen Kuchenteller, wenn wir bei Oma und Opa zu Besuch waren! Später stellte ich für Lina und Måns auch Regeln auf, aber die beiden überlisteten mich meistens in verschiedenster Weise. Wenn Lina etwas nicht probieren wollte, machte sie ihren Mund ganz fest zu und fauchte durch die Zähne hindurch: »Ich kann meinen Mund nicht aufmachen. Er ist stecken geblieben. Teddy hat ihn zugeklebt.«

Meine jüngste Tochter wuchs im Großen und Ganzen ohne Regeln am Esstisch auf. Ich ermunterte zwar immer alle, das Essen zu probieren und den Teller leer zu essen. Aber ich zwang sie nicht, sondern vertraute darauf, dass sie, wenn die Zeit reif war, sich selbst dafür entscheiden würden, weil sie sich aus freien Stücken entscheiden durften. Ich akzeptierte sogar Kommentare wie: »Mama! Ich möchte Rhabarberkuchen mit Vanillesauce. Ohne Rhabarberkuchen.«

Kinder sind in der Regel soziale Wesen, die mit der Zeit ein immer größeres Interesse daran haben, mit der Familie zusammen am Esstisch zu sitzen. Aber die Unterschiede zwischen den einzelnen Kindern sind groß, und von Tag zu Tag können sich die Dinge ändern, die das Kind zufriedenstellen. Einige Kinder essen sozusagen alles, was sie serviert bekommen. Andere sind empfindlicher in Bezug auf Geschmäcker und Gerüche, und sie brauchen länger, bevor sie sich an neue Gerichte gewöhnen. Im Alter von etwa fünf bis sechs Jahren sind die meisten Kinder in ihrem Essverhalten so stabil, dass sie das Allermeiste probieren und während der Mahlzeit am Esstisch sitzen bleiben.

Auch wenn wir lange Gespräche und Verhandlungen mit unseren Kindern führen und es in erdenklich bester Absicht tun, müssen wir uns immer vor Augen halten: Kinder sind Kinder. Müdigkeit, Hunger und starke innere Gefühle können bewirken, dass das Kind es nicht schafft oder gar keine Lust dazu hat, mit den Eltern zusammenzuarbeiten.

Wenn nichts anderes funktioniert – reagiere wie bei einem ganz kleinen Kind! Halte das Kind fest, sag »Stopp«, trag das Kind aus der Situation raus, inspiriere es zu etwas anderem. Mach keine große Sache aus dem, was schiefgelaufen ist.

Und ermuntere das Kind, wenn etwas gut klappt. Bewahre dir deine Ruhe und halte durch.

Was kann mit mir selbst geschehen?

Wenn wir nicht schon vorher unsere Kontrolle über das Kind gelockert haben, werden wir definitiv dazu gezwungen sein, sobald das Kind etwa drei Jahre alt wird. Es wird für mich, ganz einfach ausgedrückt, dann nicht mehr so einfach sein, alles so hinzubekommen, wie ich es mir vorstelle. Und es ist ein wunderbares Erlebnis für das Kind, zu erfahren, dass du als erwachsener Mensch weißt, wie du dich verhalten musst.

Plane ich, rechtzeitig auf meiner Arbeit anzukommen, weil eine wichtige Besprechung ansteht, und meine Tochter will an genau diesem Morgen mit Prinzessinnenkleid und Silberschühchen in den Kindergarten gehen, gilt es, tief durchzuatmen.

Für das Kind kann die Prinzessinnenverkleidung genauso wichtig sein wie die Besprechung für mich. Anders als ich, die Erwachsene, lebt das Kind im Hier und Jetzt. Ich sehe die Konsequenzen eines Zuspätkommens deutlich vor mir. Dazu ist das Kind nicht fähig. Da ich die Erwachsene bin, ist es meine Aufgabe, mich auf das Kind einzulassen und zu verstehen, wie es sich fühlt. Ein Kind kann, wie gesagt, keine Verantwortung dafür übernehmen und kann auch gar nicht ahnen, wie ich mich als Erwachsene fühle oder welche Bedürfnisse ich habe. Ich habe gehört, wie Erwachsene am Kaffeetisch ihre Kinder anknurren: »Ich kann wirklich nicht kommen und dir etwas vorlesen. Ich brauche jetzt etwas Zeit für mich und möchte meinen Kaffee in aller Ruhe trinken. Ich habe den ganzen Tag keine Minute Pause machen können!« Was die Erwachsenen in Wirklichkeit damit ausdrücken, ist: »Ich möchte, dass du verstehst, dass ich auch eigene Bedürfnisse habe!«

Wenn man sein Kind in dieser Weise anmeckert, ist die Wahrscheinlichkeit groß, dass man genau in dem Moment selbst zum Kind wird. Und wenn zwei Kinder aufeinandertreffen, jeweils mit dem Anspruch auf unmittelbare Zufriedenstellung ihrer Bedürfnisse, ist der Konflikt schon entstanden. Die Gefahr ist groß, dass beide wütend und sauer werden oder gar einen Anfall irgendeiner Art bekommen.

Sich auf das Kind einzulassen, seine Bedürfnisse und Gefühle zu verstehen bedeutet nicht automatisch, dass das Kind immer alles so bekommt, wie es will. Eine erwachsenere und reifere Weise, die oben genannte Situation zu regeln, könnte sein, dass die Mutter sagt:

»In einer kleinen Weile werde ich dir etwas vorlesen. Du kannst so lange ein Buch aussuchen«, oder ganz einfach: »Nein! Nicht jetzt. Du kannst dir selbst ein Buch anschauen.«

Mit deiner Körpersprache, deinen Augen und deiner Stimmlage vermittelst du eine freundliche und deutliche Haltung und dein Verständnis für die Bedürfnisse des Kindes, egal, wie du dich entscheidest.

Wenn du das Gefühl hast und feststellen musst, dass du sehr oft wie ein Kind mit deinem eigenen Kind schimpfst, kann dies ein Zeichen dafür sein, dass du überarbeitet und müde bist und es nicht schaffst, deinem Kind als erwachsener Mensch gegenüberzutreten. Sind beide Eltern da, kann man das Problem gemeinsam lösen, indem man dem anderen etwas Zeit für sich gönnt, in der er wieder Kraft tanken kann.

Wenn man allein ist, muss man versuchen, andere Lösungen zu finden.

Eine alleinerziehende Mutter rief eine ihrer Freundinnen an und erzählte: »Mein Kleiner verbringt das ganze Wochenende bei seinem Papa. Ich bin total fertig. Fühle mich wie eine schlecht gelaunte und grantige Dreijährige. Hast du Lust, dich einen Abend lang um mich zu kümmern, damit ich wieder erwachsen werde?«

Erwachsen zu sein heißt auch, dass man für seine Entscheidungen geradesteht, auch wenn sie mal falsch sind.

An einem späten Nachmittag ging ich in ein großes Lebensmittelgeschäft. Gleichzeitig mit mir betraten eine Mutter und ihre etwa fünf Jahre alte Tochter den Laden. Die Mutter holte einen Einkaufswagen und fing an, ihre Waren zu suchen und sie in den Wagen zu legen. Sie sah müde und gestresst aus. Vermutlich hatte sie den ganzen Tag gearbeitet und wollte nur noch schnell nach Hause und das Abendessen zubereiten.

Das Mädchen ging neben ihr her und schrie: »Ich will Naschis! Ich will Naschis!«

Auch die Kleine sah sehr müde aus. Die Mutter antwortete: »Nein. Wir wollen Essen einkaufen. Keine Naschis.«

Das Mädchen setzte ihr Geschrei fort und die Mutter sagte immer wieder »Nein«, während sie zwischen den Regalen verschwanden. Eine Viertelstunde später stand ich hinter ihnen in der Schlange an der Kasse. Mutter und Tochter warteten schweigend darauf, dass sie drankamen. Dann war es so weit, und schnell legte das Mädchen eine Tüte Süßigkeiten auf das Band. Als die Tüte zu der Dame an der Kasse befördert wurde, drehte sich die Mutter zur Tochter um und fauchte: »Aber du weißt ganz genau, was ich davon halte!«

Mit diesem Kommentar hatte sich die Mutter von ihrer Verantwortung als Erwachsene befreit. Sie schob die ganze Schuld auf ihre Tochter. Was natürlich bewirkte, dass das Mädchen unsicher und frustriert war. »Ich bekomme, was ich wollte, aber zu dem Preis, dass Mama sauer und enttäuscht ist.« Eine solch erdrückende Verantwortung kann ein kleines Kind nur schwer tragen.

Als die Mutter sich entschloss, die Situation damit zu lösen, der Kleinen doch ein paar Süßigkeiten zu genehmigen, hätte sie auch zeigen müssen, dass sie für diese Entscheidung geradesteht. »Es war vielleicht nicht die beste Lösung, aber in dem Moment hatte ich einfach nicht die Kraft, den Konflikt in einer besseren Weise zu bewältigen.« Einem kleinen Kind Süßigkeiten zu geben ist nicht so schlimm, wie das Kind mit Schuldgefühlen zu belasten.

~

Wenn ein Großer und ein Kleiner beide bestimmen wollen,
kann der Große plötzlich ganz klein werden.
Für den Großen kann es hilfreich sein, daran zu denken,
dass der Große dem Kleinen helfen sollte.
So soll es sein.

~

Wenn das Kind sich auf Abenteuer begibt.
6 – 12 Jahre

Das Unmögliche schaffen

Fast alle Bücher von Astrid Lindgren handeln von Kindern in diesem Alter. Irgendwo im Hintergrund kommen auch Erwachsene vor, es sind aber immer die Geschichten der Kinder, die im Mittelpunkt stehen. Kinder, die von zu Hause weglaufen. Kinder, die auf Verbrecherjagd gehen. Kinder, die gegen Ungerechtigkeiten kämpfen. Kinder, die mit den Erwachsenen Schabernack treiben. Kinder, die dem Tod begegnen. Kinder, die Konflikte lösen. Vielleicht liegt es daran, dass die Kinder in diesem Alter noch daran glauben, dass sie einfach alles schaffen. Nicht zuletzt, weil man ja einen Körper hat, der perfekt funktioniert und den man in den meisten Fällen toll findet, und eine entwickelte Sprache, die einem jede Form der Kommunikation ermöglicht. Nichts ist unmöglich!

Es sind aber immer noch die Erwachsenen, die die Verantwortung und die Konsequenzen tragen, wenn man etwas anstellt. Und auch wenn die Kinder ihre Grenzen mehr oder weniger überschreiten und ihre Möglichkeiten austesten, bleiben die Abhängigkeit von und die Liebe zu Mama und Papa das Größte von allem.

Auch wenn das Kind sich auf den Weg macht, allein zurechtkommen will und Herausforderungen außerhalb des Gartenzaunes sucht, ist es wichtig, zu verstehen, dass wir als Eltern weiterhin der große Mittelpunkt der Geborgenheit sind, zu dem das Kind immer wieder zurückkehrt. Wir sind es, die alles wieder gerade rücken, wenn es Sorgen gibt, und ein Pflaster aufkleben und trösten oder uns einfach über jeden Fortschritt freuen. Egal, welche Sorte von Kindern man hat, es werden sowohl schlechte als auch gute Dinge geschehen.

Aber wir Erwachsenen entscheiden darüber, wie sehr wir diese oder jene Situation in den Mittelpunkt rücken. Wann sollte ich meinem Kind besonders viel oder wenig Aufmerksamkeit schenken?

Wir leben in einer Problemkultur, d. h. in einer Kultur, die meistens die Probleme fokussiert. Das, was nicht funktioniert. Um zu erkennen, dass dies eine Tatsache ist, braucht man nur darauf zu achten, wie wir Erwachsenen denken, was wir einander mitteilen und was wir in den Medien erfahren.

Vor einiger Zeit besuchte ich Freunde, die dabei waren, ihr Haus instand zu setzen. Sie waren gerade mit ihrer neuen Küche fertig. Die strahlte leuchtend und sauber, als ich hineinkam. Der Holzfußboden war abgeschliffen und geschrubbt, Herd und Kühl- und Gefrierschrank, alles neu. Esstisch und Stühle von IKEA, und es duftete nach frisch gebrühtem Kaffee von der neuen Espressomaschine.

»Wie schön es bei euch geworden ist«, rief ich aus. »Ach, ja«, sagte der Herr des Hauses und seufzte tief. »Aber jetzt wollen wir ja mit dem Keller weitermachen.«

Vielleicht dachte er in Wirklichkeit anders, aber er signalisierte ganz deutlich, dass die Renovierung des Hauses ein Problem war und nichts, über das man sich freuen könnte. Ein Haus instand zu halten ist ein fortwährender Prozess. Genauso ist es, wenn man sich um Kinder kümmert. Sie begeben sich ständig auf neue kleine und große Abenteuer und sprengen ihre Grenzen. Wir können unsere Freiheit suchenden Kinder natürlich immer als ein Problem ansehen. Aber wir können sie auf der anderen Seite auch als lebendig, dynamisch und überraschend betrachten!

Als Tobias neun Jahre alt geworden war, hatte er weiterhin sehr viel Energie und war immer auf dem Weg nach vorn. Wir wollten ein Fest feiern, und ich schlug vor, dass er mir beim Tischdecken helfen könne, worauf er »JA!« antwortete und sofort in die Küche hastete. »Wir sind fünfzehn Personen«, rief ich ihm hinterher.

»Fünfzehn Teller und fünfzehn Messer und Gabeln.« Nach einer Weile hörte ich einen riesigen Krach und ein jämmerliches »Nein …« und ich stürzte in die Küche. Ich hörte, wie ich selbst ein viel lauteres »NEIN!« von mir gab. »Was hast du gemacht? Wie konntest du nur? Jetzt hast du all die alten und hübschen Teller, die ich von meiner Oma bekommen habe, kaputt gemacht. Sie waren richtig wertvoll. Verstehst du?!«

Stinksauer war ich und sah in dem Moment nur, dass er in einer trotteligen und übermütigen Weise mein Service zerstört hatte. Ich war nicht in der Lage, daran zu denken, dass seine Augen kurz vorher vor Freude gestrahlt hatten und dass er sein Allerbestes tun wollte. Er war auf einen hohen Schemel geklettert und hatte die oberen Schranktüren aufgemacht. Auf Zehenspitzen balancierend, hatte er fünfzehn Teller abgezählt und dann alle auf einmal herunterheben wollen.

Heute würde ich anders reagieren. Ein Neunjähriger kann ein riesiges Selbstvertrauen haben. Nichts ist unmöglich. Aus seiner Perspektive war der Versuch, alle fünfzehn Teller gleichzeitig herunterzuheben, eine aufregende Herausforderung. In dem Moment war er nicht fähig, die Konsequenzen, die sein Unterfangen haben könnte, zu überblicken.

Als bei meinem jüngsten Kind ähnliche Situationen entstanden, hatte ich aufgehört, Kinder als problematisch anzusehen, stattdessen sah ich sie nun als Menschen, die immer ihr Bestes geben und die sich darin üben, das Leben zu meistern. Auch wenn sie etwas nicht können, haben sie immer den Mut, es zu versuchen. Dass ich meinen Blickwinkel änderte, bedeutete aber nicht, dass ich nicht mehr reagierte oder dass ich aufhörte, verärgert oder traurig zu sein. Ich drückte meine Gefühle aber anders aus, etwa so: »Ach herrje. Ich verstehe, dass du dein Bestes tatest und dachtest, dass es klappen würde. Jetzt bin ich verärgert und auch traurig! Aber ich ärgere mich, weil die Teller kaputt sind. Ich bin nicht auf dich wütend. Wahrscheinlich werde ich noch stundenlang verärgert und sauer aussehen. Aber es geht vorüber.«

Ich achtete darauf, die Kinder nie als Menschen anzuklagen. Und beispielsweise nicht zu sagen: »Du bist ein Volltrottel, das hier ist dein Fehler, du bist blöd, du willst immer alles viel zu schnell machen, du überlegst nicht richtig, bevor du handelst, das müsstest du doch allmählich begreifen, alle anderen hätten es hinbekommen, nur du nicht.« Was das Kind hier zu hören bekommen würde, wäre: »Du bist wertlos, und ich habe kein Vertrauen in dich.«

Am besten stellst du die Gelegenheiten, bei denen es zwischen dir und deinem Kind reibungslos abgelaufen ist, in den Mittelpunkt. Auch wenn es nur um Kleinigkeiten im Alltag ging, z. B. daran zu denken, die Schuhe ins Schuhregal oder den Frühstücksteller in die Spülmaschine zu stellen. Manchen Kindern gelingt dies besser als anderen.

Das bedeutet aber nicht, dass sie bessere Menschen sind. Und die Aufgabe der Eltern ist es, ihre Kinder zu unterstützen, genau wie ein Chef sein Personal coacht. Dies beinhaltet, dass man nicht das, was schiefgelaufen ist, immer wieder hervorkramt, sondern dass man das Problem hinter sich bringt und dem Kind immer wieder aufs Neue Vertrauen schenkt. Wenn jemand an mich glaubt, kann ich wachsen.

Als Erwachsene funktionieren wir genauso. Auch wenn wir anders erzogen wurden. Ich selbst habe ein negatives Bild von mir, wenn es ums Autofahren geht. Einige Male habe ich Mist gebaut, bin rückwärts gegen eine Steinmauer gefahren, habe Zaunpfähle umgenietet, längere Strecken mit gezogener Handbremse zurückgelegt, die Scheibenwischer angemacht, wenn ich rechts blinken wollte.

Wenn mein Mann neben mir im Auto sitzt und kommentiert, sei es auch in freundlichem Ton, dass ich im falschen Gang fahre oder dass ich die Spur wechseln oder einen Tick schneller fahren solle, dann fahre ich nur noch schlechter.

Einmal bekam ich stattdessen viel größeres Vertrauen in mein eigenes Können. Ein guter Freund und Kollege, der sehr wohl von meinen Fähigkeiten als Autofahrerin wusste, gab mir den Schlüssel für seinen nagelneuen Mercedes. Er machte mir das Angebot, sein Auto zu leihen, da ich in einer 250 km entfernten Stadt einen Vortrag halten musste. Als ich mit dem Schlüssel in der Hand vor dem Auto stand, dachte ich: »Er ist verrückt.«

Aber als ich später die E4 entlangfuhr, dachte ich: »Er ist ganz schön schlau.«

Ich fuhr wie eine Göttin. Noch nie in meinem Leben bin ich so gut gefahren. Das Vertrauen meines Freundes ließ mich über mich selbst hinauswachsen, und es ließ mich daran glauben, dass ich es schaffen würde.

Als ich zurückkam, gab ich ihm freudestrahlend den Schlüssel und sagte: »Ich habe es geschafft!«

»Das habe ich gewusst«, meinte er und ging davon, als wäre nichts Besonderes gewesen.

Und ich stand da und fühlte mich wie damals mit zehn Jahren, als ich das erste Mal ganz alleine einen Rhabarberkuchen gebacken hatte. Ich verbrachte gerade die Ferien bei meiner Tante, und sie schaffte es, mich spontan dafür über den grünen Klee zu loben, obwohl die ganze Küche verwüstet war.

Wenn man seinem Kind dazu verhelfen möchte, ein starkes Selbstvertrauen zu entwickeln, muss man sich als Erwachsene/r darüber im Klaren sein, wie wichtig die kleinen und großen Begegnungen im Alltag sind.

Ermuntern ohne Nötigung

Wenn das Kind älter wird, kann die Grenze haarfein sein zwischen der Ermunterung und der Freude an seinem Fortschritt und auf der anderen Seite der Nötigung zu immer größeren Leistungen. Alle meine Kinder waren unterschiedlich empfindlich, wenn es darum ging, Lob oder positive Aufmerksamkeit zu empfangen und anzunehmen. Ich habe versucht, einen Vergleich mit meinen Zierpflanzen im Garten zu ziehen. Manche brauchen viel Licht und viel Wasser. Andere brauchen Schatten und nur wenig Wasser. Die Variationen sind gar unendlich. Wie unterschiedlich die Pflanzen gepflegt werden sollen, kann man aus Büchern lernen, oder man fragt jemanden, der sich damit auskennt. Wie man seine eigenen Kinder in bester Weise großzieht, muss man selbst herausklamüsern. Es ist nicht fair, sich mit weniger durchmogeln zu wollen, als die Kinder und ihr Verhalten zu beobachten und sie kennenzulernen.

Einige Kinder zeigen sowohl in ihrer Körpersprache als auch mit ihren Worten deutlich, wenn sie finden, dass die

Erwachsenen ihre Grenzen bezüglich ihrer Ermunterung überschritten haben. Kristin war so ein Kind. Sie konnte sehr gut singen, aber wenn wir sie allzu eifrig aufforderten, andere an ihrer Gabe teilhaben zu lassen, wurde sie wütend und lehnte ab.

»Ich singe, wann ich will«, war ihre Tonart und ist es immer noch.

Nelly dagegen empfing nur zu gern eine Ladung Aufmunterung nach der anderen, dazu noch etwas Lob und hin und wieder ein wenig Anschub von unserer Seite, damit sie sich überhaupt traute, höher zu klettern.

Wenn man seinen Kindern genau zuhört und darauf achtet, wann sie sich verweigern und sich zurückziehen bzw. wann sie nach vorn preschen und ihren Platz finden, dann hat man als Mutter oder Vater den richtigen »Wegweiser« gefunden.

Es ist auch von Vorteil, das Kind *hier und jetzt* zu ermuntern und zu loben, und nicht an zukünftige Fortschritte zu denken. Es reicht vollkommen aus, zu sagen: »Wie schön hast du gesungen. Fantastisch. Super. Danke!« So zeigt man seine Freude über das, was gerade jetzt passiert. Ohne dass man noch hinzufügt: »Wenn du immer weiter trainierst, kannst du eine berühmte Sängerin werden.« Oder: »Mit der Stimme wirst du ganz sicher irgendwann richtig groß rauskommen.«

Zwar sagt man solche Sätze mit sehr viel Liebe, Stolz und großem Wohlwollen. Aber Kinder wollen ihre Wahl selber treffen und selbst entscheiden, welche Fortschritte für sie wichtig sind. Sie wollen sich nicht in den Träumen oder Erwartungen der Erwachsenen gefangen fühlen.

Gerecht oder ungerecht

Schon früh im Leben fangen die kindlichen Ideen und Gedanken an, sich damit zu beschäftigen, was gerecht ist und was nicht: »Kalle hat mehr Eis bekommen als ich!« »Ich will auch auf der roten Couch sitzen!« Was das Kind damit zum Ausdruck bringt, ist eine provozierende und berechtigte Frage: »Bin ich genauso viel wert wie alle anderen? Liebt ihr Kalle mehr als mich, weil er mehr Eis bekommen hat als ich?«

Für ein kleines Kind ist die Antwort nicht von vornherein klar, und als Eltern bleibt man leicht in der Gerechtigkeitsfalle stecken: »Wenn ich meinen Kindern immer genau gleich viel gebe, werden sie zufrieden und glücklich sein.« Wenn sie aber keine Antwort auf die *eigentliche* Frage bekommen, wird die Jagd nach der vollkommenen Gerechtigkeit bis in die Unendlichkeit weitergehen.

Solange die Kinder klein sind, kann es ausreichen, dass ich sie umarme und auf liebevolle, aber deutliche Weise vermittle: »Es war wirklich so, dass Kalle ein bisschen mehr Eis als du bekam, aber wir lieben dich trotzdem genauso sehr.«

Das heißt: »Dein Wert hat nichts damit zu tun, wie viele Sachen du im Vergleich zu den anderen bekommst.« Darauf muss man eventuelle Tränen und Enttäuschungen ertragen und überwinden.

Wenn das Kind etwas älter wird, ist die Problematik der Gerechtigkeit meist noch offensichtlicher, und die Zweifel des Kindes in Bezug auf seinen Platz in der Welt können sehr viel Zeit und Engagement in Anspruch nehmen. Markenklamotten, Urlaubsreisen, Handys, Fahrräder und PCs sind nicht mehr nur Gegenstände oder technische Ausstattung, sondern stellen für das Kind eine Möglichkeit dar, anderen gegenüber seinen Wert zu beweisen. Hier ist es wichtig, zu bedenken, dass es die Erwachsenenwelt ist, die den Kindern die Latte der Ansprüche hochschraubt, indem wir ihnen zeigen, wie viel Wert wir selbst auf solche Sachen legen.

Es sind also nicht die Gegenstände an sich, die das Problem ausmachen. Wenn wir solche materiellen Werte aber selbst einsetzen, um uns und unsere Kinder wertvoll erscheinen zu lassen, werden sie uns für immer auf Schritt und Tritt verfolgen und uns immer weiter herausfordern. Wir werden nie richtig zufrieden sein. Es wird immer etwas geben, das noch besser ist.

Als mein ältester Sohn Tobias in dem Alter war, um das es in diesem Kapitel geht, begegnete ich seinen lautstarken Forderungen nach Gerechtigkeit mit einer ganzen Reihe von Regeln und Prinzipien. Ich verurteilte jede Form von Markenkleidung und Labels aller Art, und ich versuchte mit großer Mühe, ihn von solchen Wertschätzungen abzuhalten. Beispielsweise:

»Geld ist nicht alles.«

»Du wirst nicht glücklich, nur weil du Markenjeans trägst.«

»Denk doch mal an all die armen Menschen in der Welt, die Wahlmöglichkeiten wie die unseren niemals haben werden«, und so weiter.

Ich verurteilte Tobias auch, indem ich ihn spüren ließ, dass seine Forderungen nach »Markengerechtigkeit« unreif und blöd waren und dass er anders darüber denken sollte. Dies gab oft Anlass zum Streit zwischen ihm und mir und bewirkte meist genau das Gegenteil von dem, was ich mir vorgestellt hatte.

Man kann seinen Kindern die eigenen Ansichten nicht *auf-zwingen*. Die Voraussetzung dafür, dass das Kind deine Botschaft als Wahrheit betrachten kann, ist, dass es sich seine eigene Meinung bilden kann. Aus einem tiefen Gefühl heraus, unabhängig von materiellen Werten ein wertvoller Mensch zu sein.

Als meine jüngsten Töchter anfingen, nach der Sorte von Gerechtigkeit zu fragen, die mit Kleidung und materiellen Anschaffungen zu tun hat, konnte ich ihnen ganz anders begegnen: »Ich verstehe, dass du die Jeans gerne haben möchtest und dass sie für dich wichtig sind. Wir können sie aber nicht kaufen. Sie sind einfach zu teuer, wir können uns so etwas nicht leisten.«

Ich verurteilte ihre Wünsche nicht. Dazu habe ich gar kein Recht. Ich habe keine Ahnung, wie es ist, in der heutigen Konsumgesellschaft aufzuwachsen, oder worüber auf dem Schulhof bzw. zu Hause bei den Freunden diskutiert wird. Ich darf nie einen Wunsch meines Kindes schlechtmachen.

Dagegen bin ich es, die für unsere finanzielle Lage die Verantwortung hat. Ich habe den Überblick und kann entscheiden, welche Prioritäten wir überhaupt setzen können. Ich drückte ihnen nicht meine eigenen Prinzipien auf, und manchmal kam es sogar vor, dass ich auf ihre Wünsche einging. In den meisten Fällen waren die Mädchen mit den Antworten, die sie bekamen, zufrieden.

Es gab natürlich auch Fälle, in denen sie enttäuscht oder traurig waren, weil andere etwas bekamen, was sie selbst nicht haben konnten. Auch das habe ich respektiert. Ich sagte dann beispielsweise: »Das Leben ist ungerecht. Es wird nie ganz gerecht sein. So ist es einfach. Und manchmal tut es weh. Aber es geht wieder vorüber.« Mir taten sie aber nicht leid, ich zeigte ihnen Mitgefühl, doch kein Mitleid.

Auch wenn es für mich als Erwachsene ganz klar ist, dass das Leben meiner Tochter nicht weniger wertvoll ist, nur weil sie irgendein besonderes Handy nicht hat, kann ich doch respektieren, dass es in ihren Augen im Moment so aussieht. Wenn die Enttäuschung überwunden ist, wird sie verstehen, dass das Leben ungerecht ist, dass man Enttäuschungen überleben wird und trotz allem seinen eigenen Wert hat.

In der Erwachsenenwelt erkennt man überaus deutlich, wer mit sich selbst und seinem eigenen Wert im Reinen ist und wer nicht. Und ich bin überzeugt davon, dass die Basis für unser Selbstwertgefühl im Kindesalter gelegt wird.

Während ich als Leiterin einer Kindertagesstätte arbeitete, führten wir individuelle Löhne ein. »O.k.«, dachte ich. »Das kann ja wohl nicht so schwer sein.« Da ausschließlich Frauen angestellt und die Löhne nicht sonderlich hoch waren, wurden aus den Summen, die ich unter meinen Mitarbeiterinnen zu verteilen hatte, auch keine großen Beträge. Der Unterschied zwischen den individuellen Zuschlägen machte höchstens ein paar Hundert Kronen aus.

Aber nachdem ich verkündet hatte, wie viel jede für sich bekam, entstand ein riesiger Krawall. Fast alle waren unzufrieden. Auch wenn es nur hundert Kronen mehr oder weniger als bei den Kollegen waren, kamen die Reaktionen aus einer ganz anderen Richtung. Es ging ihnen dabei nicht ums Geld, sondern um ihre menschlichen Werte. Einige hatten furchtbare Angst davor, *mehr wert* zu sein als die Kolleginnen, und genauso fürchteten andere, im Vergleich zu den anderen *minderwertig* zu sein.

Die Mitarbeiterinnen, die in sich selbst ruhten und ein gutes Selbstwertgefühl hatten, konnten in Bezug auf ihren Lohn positive oder negative Ansichten haben, und trotzdem waren sie ganz gelassen und konnten nachts gut schlafen.

Es ist unmöglich, Konflikte oder Uneinigkeiten über Gerechtigkeitsfragen ganz zu vermeiden. Hier ein Beispiel, wie sich ein solcher Konflikt abspielen kann: Als Lina vor dem Fernseher saß und Pippi Langstrumpf schaute, kam Tobias und wollte lieber einen anderen Film sehen. Weil ich dies ablehnte, schrie er mich an, dass es ungerecht sei, und er versuchte daraufhin, Lina auf verschiedenste Weise beim Fernsehen zu stören, sodass sie den Film nicht in Ruhe verfolgen konnte. Er meinte, sie dürfe immer das gucken, was sie wolle, und er dürfe nie seine Lieblingssendungen gucken. Bald hatte ich sein Gemeckere satt und machte den Fernseher ganz aus. Dann war auch noch Lina traurig.

Genau so werden Konflikte um Gerechtigkeit und Ungerechtigkeit oft »gelöst«: »Nein, jetzt ertrage ich dieses Gezanke nicht mehr. Keiner von euch bekommt etwas!«

So macht man es zwar für sich selbst leichter, aber diese Vorgehensweise beinhaltet, dass alle als Verlierer dastehen. Um das Traurige eines solchen Lösungsweges noch mal darzustellen, hier ein weiteres Beispiel, bei dem zwei Erwachsene sich nicht einig waren: Wir hatten ein neues Haus gekauft und sollten das Grundstück, das wir mit der Nachbarin teilten, abmessen. Als wir so weit waren, dass wir einen Zaun zwischen unseren beiden Hälften ziehen wollten, stellte sich heraus, dass die Grenze genau mitten durch einen gesunden Kirschbaum verlief. Nun stellte sich die Frage: Wem sollte der Kirschbaum gehören?

Die Nachbarin, ein gebildeter und intelligenter Mensch, schlug allen Ernstes vor, den Baum zu fällen, um eventuelle Konflikte zu vermeiden. Sie war bereit, den hübschen Kirschbaum zu opfern, um Unannehmlichkeiten zu entgehen. Da konnte man sich nur fragen: »Und wer hätte davon etwas?«

Es wird einem immer schwerfallen, eine Entscheidung zu treffen, die – in dem Moment – den einen oder anderen Kontrahenten eines Konfliktes begünstigt. Als Eltern ist es am besten, wenn man klar Stellung bezieht und eine Lösung des aktuellen Problems *vorschlägt*, ohne dass man darauf besteht, dass genau diese Lösung die beste oder die gerechteste ist. Man kann beispielsweise sagen: »Jetzt darf Lina Pippi zu Ende schauen, und Tobias muss in der Zeit etwas anderes machen. Das entscheide ich.«

In Konfliktsituationen verhalten sich fast alle Menschen, kleine wie große, wie Kleinkinder. Deshalb kann man den größeren Kindern auch genauso begegnen, wie man es getan hat, als sie noch viel kleiner waren. Blickkontakt, fest umarmen, aus der Situation herausführen und in eine andere Richtung ablenken.

Vorbilder

Wenn die Kinder klein sind, ahmen sie bewusst die Eltern nach. Mimik, Gestik, Stimmlage, Körpersprache. Im Alter zwischen sechs und zwölf Jahren ahmen sie ihre Eltern weiterhin nach, aber auf einem unbewussteren Niveau. Als Mutter oder Vater besitzt du auch in diesem Alter immer noch das Privileg, auf der Hitliste deiner Kinder ganz oben zu stehen. Doch bald wird dies nicht mehr der Fall sein. Noch spiegeln die Kinder sich in jedem Schritt, den du machst, in deinen Worten, den Ausdrücken, Gefühlen, Gedanken, Träumen und Fantasien, die du ihnen vermittelst. Wie Schwämme saugen sie alles in sich auf, ob es dir gefällt oder nicht. Von dir lernen sie, wie sie sich zum Leben verhalten und sich Gutem und Schlechtem nähern sollten.

Genau, wie man sich überlegen muss, wie man sich seinen Kindern gegenüber verhalten sollte, muss man überlegen, wie man sich im Umgang mit sich selbst, seinem Partner, seinen Freunden, seinen Arbeitskollegen verhält.

Wie sieht das Bild aus, das ich meinen Kindern von mir selbst zeige? Welche Träume und Fantasien über die Welt möchte ich ihnen vermitteln?

Man kann damit anfangen, darüber nachzudenken, was man am frühen Morgen sich selbst im Spiegel mit auf den Weg geben möchte. Wie oft schaffe ich es, mich so anzuhören?

»Wie sehe ich heute gut aus! Ich fühle mich einfach perfekt! Meine Frisur steht mir richtig gut! Ich bin mit meinem Körper superzufrieden!«

Oder am Frühstückstisch: »Was für ein leckeres Frühstück! Heute freue ich mich richtig auf meine Arbeit!«

Oder wenn ich wieder nach Hause komme: »Ich bin heute richtig gut mit meiner Arbeit zurechtgekommen.«

»Auch heute habe ich wieder Geld verdienen können.«

»Wie schön, dass ich gesund bin.«

Wenn ich meinen Kindern sage, dass sie hübsch und schlau sind, aber nicht gleichzeitig zeige, dass ich mit mir selbst rundum zufrieden bin, vermittle ich ihnen eine sehr gespaltene Wahrheit. Das heißt natürlich nicht, dass man niemals Unzufriedenheit zeigen darf. Es ist aber wichtig, auf die eigene Einstellung zu achten.

Da wir in einer Problemgesellschaft leben, haben die negativen Gedanken immer einen gewissen Vorsprung. Wenn ich morgens aufwache und die Sonne von einem blauen Himmel scheint, wird mein erster Gedanke leider unbarmherzig schnell problemfixiert: »Ich müsste mal wieder die Fenster putzen.«

Eigentlich habe ich mich selbst als einen positiven und fröhlichen Menschen betrachtet. Aber als ich anfing, meine Lebenseinstellung etwas näher in Augenschein zu nehmen, stellte ich fest, dass ich diese helle Seite meiner Person überwiegend auf meiner Arbeit präsentierte. Zu Hause hatte ich dann viel damit zu tun, meine dunklen und jämmerlichen Seiten auszuleben. Ohne zu beachten, dass ich meinen Kindern dabei das schlechtere Bild vorlebte.

Kam ich abends spät von der Arbeit nach Hause, griff ich sofort dort an, wo etwas nicht perfekt war. Die Schuhe, die nicht im Schuhregal standen. Das nasse Handtuch in der Sporttasche, das nicht aufgehängt worden war. Das dreckige Geschirr, das nicht in die Spülmaschine gestellt worden war. Die Milch, die alle war. Ich nahm mir heraus, ganze Sturzbäche an Negativem auf die Familie herunterprasseln zu lassen. In den Stunden davor war ich eine professionell aufmunternde Chefin gewesen, die in allem die verschiedensten Möglichkeiten entdecken konnte. Wenn ich aber nach Hause kam, verwandelte ich mich in eine unprofessionelle, jammernde Sirene, die überall nur noch Probleme sah.

Wenn mein Mann und ich uns dann in der Küche unterhielten und uns gegenseitig erzählten, was den Tag über so alles passiert war, stürzten wir uns sofort auf die negativen Aspekte: »Du hättest sie mal hören sollen. Es war eine total anstrengende Besprechung. Ich begreife nicht, wie man so denken kann.« Und gab es auf der Arbeit keine Probleme, fanden wir leicht irgendetwas, das die Nachbarn angestellt hatten, oder schreckliche Geschichten aus der Zeitung, über die wir uns aufregen konnten.

Es ist nichts Falsches daran, sich über Probleme zu unterhalten oder sich über einen stehen gelassenen dreckigen Teller aufzuregen. Gehören solche Gespräche aber immer öfter zu den Topthemen des Hauses, ist die Wahrscheinlichkeit groß, dass wir unsere Kinder unfreiwillig damit anstecken. Die negativen Sturzbäche füllen die Luft, die unsere Kinder einatmen, und belasten die Nahrung, die unsere Kinder groß werden lassen soll.

Später sind sie mit ihren Klagegesprächen dran. Dann ist auf einmal alles doof, die Schule, die Freunde, das Fußballtraining, das Essen, die Eltern, sie selbst. Das Leben ist dann kein Abenteuer mehr, sondern eine endlose Reihe von Sorgen, die man bewältigen muss.

Als wir darauf aufmerksam wurden, welche Lebenseinstellung wir in unserem Zuhause vermittelten, fingen wir an, unsere Haltung zu ändern. Manchmal blieb ich fünf Minuten im Auto sitzen, bevor ich zur Haustür hineinschlich. Diese fünf Minuten brauchte ich, um meine Gedanken zu sammeln und mich dafür zu entscheiden, mit alldem anzufangen, was mich beim Nachhausekommen erfreute und zufriedenstellte.

»Hallo! Wie schön, dass ihr zu Hause seid! Und ich sehe, dass ihr euch etwas Schönes zu essen gemacht habt. Super.« Mein Mann und ich wählten unsere Gesprächsthemen bewusst und vermieden es, ständig über dies oder jenes zu seufzen oder über Negatives zu reden, wenn die Kinder dabei waren.

~

Das Leben ist für jeden Menschen ein Abenteuer der Möglichkeiten.
Ich entscheide selbst, mit welcher Haltung
ich Geschehnisse aufnehme und verarbeite.
Genau diese Haltung vermittle ich meinen Kindern.

~

Gefühle

Wut, Freude, Trauer, Angst, Enttäuschung, Lust

Unsere Gefühle bewirken unter anderem, dass wir mit anderen mitfühlen können. Wir können außerdem noch dynamisch, ungestüm, deprimiert, kreativ, destruktiv, betrübt, unruhig oder glücksselig sein.

Ich selbst bin in dem Glauben aufgewachsen, dass Gefühle nicht etwas sind, was es in mir gibt, sondern dass sie entstehen, wenn von außen etwas auf mich einwirkt. Immer waren andere Menschen oder Geschehnisse der Grund, dass ich mich fröhlich oder traurig fühlte. Wäre alles ganz perfekt, würde ich nur noch Freude und Wohlbehagen empfinden. Und dann würde ich richtig kreativ werden können!

Würde ich nur den richtigen Mann finden. Würde ich nur das richtige Zuhause finden. Würde ich nur den richtigen Job bekommen. Hätte ich nur die richtigen Freunde. Wären die Kinder nur ein wenig älter. Wenn nur …

Sowohl meine eigenen Kinder als auch Kinder, die ich durch meine Arbeit kennengelernt habe, haben mir allmählich beigebracht, dass es kein »wenn nur …« und auch kein »dann …« gibt. Das Leben ist jetzt, und es beinhaltet Gefühle aller Art, dunkle wie auch helle. Wagt man es, die Gefühle des Kindes anzuerkennen, ohne sie in »gute« oder »schlechte« aufzuteilen, wird es einem auch möglich sein, die eigenen Gefühle zu akzeptieren und mit ihnen zu leben!

Ist man froh und glücklich, ist es verlockend, sich sofort noch mehr davon zu wünschen. Fühlt man sich traurig, besorgt oder wütend, betrachtet man diese Gefühle gern als ein Problem, das man so schnell wie möglich loswerden möchte.

Anstatt die Gefühle zu akzeptieren, die man genau in diesem Moment empfindet.

Für Kleinkinder ist es ganz natürlich, die eigenen Gefühle, so wie sie gerade sind, auszuleben und sich in die Gefühle anderer hineinzuversetzen.

Eines Morgens besuchte ich eine Krippengruppe in einem Kindergarten. Fünfzehn Kinder waren in der Gruppe, als ich dort ankam, und alle waren zwischen einem und drei Jahren alt. Die Kinder robbten, krabbelten, liefen und kletterten zwischen Möbeln und Spielsachen umher. Die Stimmung war ruhig und positiv, und die Erzieherinnen sorgten dafür, dass jedes Kind etwas Inspirierendes machen konnte.

Es wurde gebrabbelt, geplaudert und gepupst in einer vergnüglichen Harmonie. Dann kam eine Mutter mit dem sechzehnten Kind an, einem kleinen Mädchen, das erst vor Kurzem zwei Jahre alt geworden war. Sie war neu in der Gruppe, und es war das erste Mal, dass die Mutter sie allein zurücklassen würde. Nachdem eine lange Abschiedszeremonie unter Begleitung einer der Erzieherinnen im Eingangsbereich stattgefunden hatte, winkte die Mutter ihrer Tochter zu und ging. Das Mädchen schaute ihr durch ein kleines Fenster hinterher. Als Mamas Auto wegfuhr, fing sie sofort laut zu weinen an, und Tränen kullerten wie kleine Flüsse. »Maaamaaa! Maaamaaa!«

Daraufhin geschah etwas Magisches. *Alle* anderen Kinder unterbrachen ihre Spiele und fingen auch an, laut zu weinen und zu schreien: »Maaamaaa!« Es entstand ein unglaublicher, vielstimmiger Kleinstkinderschreichor, der beinahe das Dach des Kindergartens angehoben hätte. Als das kleine Mädchen traurig wurde, fühlten die anderen Kinder genau das, was sie fühlte, und begleiteten sie sofort in ihrer Traurigkeit. Oder sie weinten mit, weil es sie an ihre eigene Mutter erinnerte.

Ich begriff, dass das, was ich hier miterlebte, die Grundlage unserer Empathiefähigkeit war.

In der Krippe gab es viele kluge Erzieherinnen. Sie lachten nicht über die Kinder und lehnten ihre Gefühle in keinster Weise ab. Sie blieben ganz ruhig und gingen würdevoll von einem Kind zum anderen, nahmen die Kinder in die Arme und trösteten sie. Die Kinder wurden in ihren Gefühlen bestätigt, als die Erwachsenen sagten: »Ach ja, jetzt bist du ganz traurig. Aber bald wirst du wieder fröhlich sein.«

Gefühle kommen und gehen. Gute Zeiten werden von schlechten abgelöst. Kleine Kinder versuchen nicht in so hohem Maße wie wir Erwachsenen, ihr Gesicht zu wahren. Sie leben ihre Gefühle meistens so aus, wie sie sie gerade empfinden. Die hellen wie auch die dunklen. Jedes Kind hat ein Meer an Gefühlen in sich. Manchmal ist das Meer ruhig und still, und manchmal fegen heftige Orkane darüber hinweg. Bei manchen Kindern ist das innere Meer etwas unruhiger als bei anderen. Genau wie bei uns Erwachsenen.

Liebevolles Ignorieren

Als Mama Lina mit Harry, vier Jahre, und Sigge, zwei Jahre, am Küchentisch sitzt und Pfannkuchen isst, ist die Marmelade plötzlich leer. Harry akzeptiert auf Anhieb, dass es keine Marmelade mehr gibt, und isst seinen Pfannkuchen trotzdem vergnügt weiter. Aber Sigge flippt vollkommen aus. Er schmeißt sich auf den Fußboden und tritt und schreit.

Lina hat schon erklärt, dass keine Marmelade mehr da ist, und greift jetzt zu einer anderen Strategie.

»Jetzt bist du gerade *stinksauer*, Sigge«, sagt sie ruhig und bleibt am Tisch sitzen und isst. Sigge schreit noch eine Weile weiter und schlägt seinen Kopf gegen den Fußboden. Lina bleibt sitzen und wiederholt: »Ich sehe, dass du richtig sauer bist.« Nach einer Weile beruhigt sich Sigge, klettert zurück auf seinen Stuhl und isst seinen Pfannkuchen weiter. Lina heißt ihn mit einem Lächeln willkommen.

Wut ist ein Gefühl, das sehr viel Kraft in Anspruch nimmt und deshalb überaus ermüdend sein kann. Viele, sowohl Kinder als auch Erwachsene, möchten am liebsten mit diesem Gefühl allein sein. Lina ließ Sigge in Ruhe. Sie ignorierte ihn liebevoll. Sie bestätigte dabei sein Gefühl mit ihrer ruhigen Stimme, die Sigge zeigte, dass es o.k. ist, sauer zu sein: »Ich sehe, dass du sauer bist.«

Sie versuchte weder, ihn an den Esstisch zurückzulocken, noch, ihn dazu zu bringen, mit dem Schreien aufzuhören. Man musste nichts weiter tun als abwarten, bis der Wutanfall vorbei war. Es tut immer gut, sich daran zu erinnern, wie man selber reagiert und sich fühlt, wenn man wütend ist, um besser zu verstehen, was das Kind gerade empfindet.

Manchmal werde ich selbst wütend, ohne dass es dafür einen besonderen Grund gibt. Wut kann anscheinend grundlos aus dem Nichts im Inneren auftauchen. Ganz plötzlich. Am liebsten würde ich mir dann etwas oder jemanden suchen, um meine Wut an ihm auszulassen. Das schaffe ich meistens auch und höre dann, wie ich meinen Mann anschnauze: »*Musst du schon wieder vorm Computer sitzen?*«, oder: »Warum hast du nur für dich selbst Kaffee eingeschenkt?«

Ich weiß, dass ich mich in dem Moment wie ein kleines Kind benehme, aber meine Gefühle überwältigen mich, und ich kann mich einfach nicht zurückhalten. Wird auch mein

Mann dabei von seinen Gefühlen überwältigt, stehen wir uns beide wie kleine Kinder gegenüber. Er verteidigt sich vehement oder startet einen Gegenangriff. Und schon ist die Lage ziemlich festgefahren. Schafft er es aber, Ruhe zu bewahren, erwachsen zu reagieren, mich fest zu umarmen und zu sagen: »Oje, ich merke, dass du gerade richtig wütend bist«, kann ich mich entspannen, und die Wut verlässt mich wieder. Ich fühle mich geliebt und geborgen.

Wenn man Kindern verbietet, ihre Wut auszuleben, erreicht man oft genau das Gegenteil von dem, was man erhofft hatte. Als Tobias klein war und wütend wurde und schrie, habe ich oft zurückgeschrien: »Hör auf mit dem Geschrei!« Und das ist etwa genauso schlau, wie wenn man Benzin ins Feuer gießt, obwohl man es doch löschen wollte.

Eine junge Mutter von zwei Kindern berichtete mir: »Das Schlimmste ist, wenn es morgens Streit gibt und wir doch gerade alle loswollen. Ich lege den Kindern abends immer ihre Kleidung für den nächsten Tag bereit, um ihnen das Anziehen zu erleichtern. Linnea, die sechs Jahre alt ist, zieht sich nach dem Aufstehen sofort an und kommt hinunter in die Küche. Aber Matilda, drei Jahre alt, wird oft wütend und schreit herum. Sie will die Sachen, die ich bereitgelegt habe, nicht anziehen. Was immer ich ihr vorschlage, wird abgelehnt. Ich habe gemerkt, dass es keine gute Idee ist, zu versuchen, ihr alles in Ruhe zu erklären, oder sie stattdessen anzuschreien. Das Beste ist, einfach in die Küche hinunterzugehen, das Frühstück vorzubereiten und sie eine Weile mit ihrer Wut und dem Geschrei allein zu lassen. Schließlich kommt sie dann doch hinunter und hat sich auch schon angezogen. Manchmal sogar das, was ich bereitgelegt hatte.«

Matilda brauchte eben hin und wieder das Gefühl, auch etwas mitentscheiden zu dürfen. Einmal hatte ihre Mutter ein Kleid, eine Strickjacke und eine Strumpfhose in zueinander passenden Farben bereitgelegt. Als Matilda herunterkam, hatte sie eine karierte Jacke zum geblümten Kleid an. So war es nicht vorgesehen gewesen, aber ihre Mutter akzeptierte die Wahl ihrer Tochter. Matilda hatte eine Weile schön wütend sein dürfen, und jetzt war sie wieder glücklich und zufrieden.

Hilfe beim Ertragen negativer Gefühle

Manche Gefühle können für die Kinder unerträglich schmerzhaft und anstrengend sein. Für die liebevollen Eltern ist es oft verlockend, zu versuchen, die Probleme des Kindes zu lösen oder die Gefühle, die ihrem Kind in unterschiedlicher Weise wehtun, zu kompensieren. Manchmal findet man einen Weg, dem Kind zu helfen, aber genauso oft ist dem Kind mehr geholfen, wenn es die Möglichkeit bekommt, mit den Gefühlen, die so anstrengend sein können, umzugehen und zu leben.

Als sich Emils sechster Geburtstag näherte, wollte sein kleiner Bruder Axel, dreieinhalb Jahre, ihm ein ganz eigenes Geschenk machen. Er wollte ihm etwas schenken, das er selbst hatte und gerne mochte. Nach langen Überlegungen traf er seine Entscheidung. Am Wochenende davor hatte Oma uns besucht und hatte beiden Jungen je eine Tüte Süßigkeiten geschenkt. Emil hatte seine Tüte schon leer gegessen, aber Axel war sparsam damit umgegangen und hatte noch eine halbe Tüte übrig. Diese sollte sein großer Bruder nun als Geburtstagsgeschenk bekommen! Mit großem Engagement verpackte er die Süßigkeiten und verwendete sehr viel Geschenkpapier, Klebeband und Schleife. Am Morgen seines Geburtstages wurde Emil mit einem Ständchen am Bett und den ganzen Geschenken geweckt. Axel saß auf dem Schoß seiner Mutter und wartete mit Spannung darauf, dass Emil sein Geschenk auspackte. Als Emil die ganzen Schleifen, Klebebänder und Geschenkfolien aufgerissen hatte, zog er mit einem herzlichen Lachen die zur Hälfte leer gegessene Tüte mit Süßigkeiten hervor. »Die Naschis von Oma. Danke, Axel!«

Erst in dem Moment verstand Axel, dass er seine Süßigkeiten verschenkt hatte. Seine Unterlippe fing an zu zittern, und er zeigte schniefend auf seine Tüte: »Meine Naschis.« Da tat seine Mutter etwas sehr Schönes. Anstatt ihm eine neue Tüte Süßigkeiten zu versprechen, umarmte sie ihn, streichelte ihm über den Kopf und sagte: »So doll weh kann es tun, wenn man etwas verschenkt, das man selbst gerne mag. Aber es ist das Allerschönste, was man machen kann.«

Axel schniefte noch ein letztes Mal, dann erhellte sich sein Gesicht, und er strahlte vor Stolz und Kraft.

Kinder müssen die Erfahrung machen, dass es nicht gefährlich ist, traurig oder enttäuscht zu sein. Diese Gefühle gehören zum Leben dazu und gehen vorüber. Wenn ich eine Enttäuschung überwunden habe, schaffe ich es auch, weiterzumachen. Die Enttäuschung muss mich nicht als hilfloses und niedergeschmettertes Opfer zurücklassen. Ich kann weitergehen und neue Sachen entdecken, über die ich mich freuen kann.

Erwachsene Menschen, die nie gelernt haben, mit Niederlagen umzugehen, geraten oft in Konflikte mit ihrer Umwelt oder können Ungerechtigkeiten und Misserfolge nur schwer hinter sich lassen. Für sie ist es verlockend, sich mit Drogen oder Alkohol zu betäuben, um die Schmerzen zu überdecken, anstatt sie zu ertragen und zu überwinden.

Axels Mutter hat ihrem Sohn einen großen Dienst erwiesen, indem sie ihm half, ein schwieriges Gefühl auszuhalten, anstatt ihm die unmittelbare Zufriedenstellung seiner Bedürfnisse zu gewähren. Und auch sich selbst erwies sie damit einen großen Dienst. Sie ertrug die Belastung, ihren kleinen Sohn leiden zu sehen, ohne sofort den Versuch zu starten, ihn wieder fröhlich zu machen.

Geteilte Freude ist doppelte Freude

Eines Tages kam Kristin, sechs Jahre, angelaufen und rief aus: »Mama, das müssen wir feiern! Nelly traut sich jetzt, die Rutsche allein runterzurutschen!«

Als meine jüngsten Kinder klein waren, wurde oft gefeiert. Wir feierten alle kleinen und großen Fortschritte mit Limonade und Milchbrötchen, einer Urkunde, Blumen oder Applaus. Die Entwicklung verläuft bei kleinen Kindern rasend schnell, und es gibt einen Fortschritt nach dem anderen. Man könnte meinen, es sei Quatsch, jedes Mal, wenn ein Kind etwas ganz Normales wie Hüpfen, Fahrradfahren oder Knöpfe zumachen gelernt hat, eine Feier zu veranstalten. Aber der Punkt war, dass die Freude, der Enthusiasmus und der Stolz in den Mittelpunkt gestellt wurden und dass jedes Kind mal Gelegenheit bekam, von allen anderen beachtet zu werden. Im Zentrum stehen zu dürfen und von den positiven Gefühlen der anderen umhüllt zu werden, ohne dass man sich dafür bedanken oder etwas zurückgeben muss. Die Kinder lernten, wie schön es ist, andere in den Mittelpunkt zu stellen und auch mal selbst dort zu stehen. Die Kunst, die eigene Freude mit anderen teilen oder an der Freude eines anderen teilhaben zu können, ist etwas, das ein Kind erleben muss, damit das Selbstwertgefühl wachsen kann. Mit der gleichen Selbstverständlichkeit sowohl geben als auch nehmen zu können ist für Kinder eine ganz natürliche Sache, solange die Erwachsenen nicht das Gegenteil behaupten.

Mir begegnen viele erwachsene Menschen, denen die Fähigkeit verloren gegangen ist, Komplimente oder materielle Geschenke anzunehmen, ohne sich ihrer zu schämen oder sich klein zu machen. Menschen, die behaupten: »Ich mag anderen gerne etwas schenken, aber ich will selbst nichts haben«, haben ihre eigenen Bedürfnisse wahrscheinlich schon längst komplett gelöscht. Ich selbst habe als Erwachsene viele mühsame Jahre gebraucht, um die Fähigkeit, mich freuen zu können, wenn andere mir etwas geben, wiederzuerlangen. Ich musste es regelrecht trainieren, Freude zu zeigen und Danke zu sagen, wenn andere Menschen mir etwas schenken wollten. Und außerdem musste ich üben, nicht sofort zu denken, dass ich es ihnen in gleichem Umfang zurückgeben müsse. Stattdessen stellte ich mir vor, dass es andere Menschen glücklich macht, wenn sie mir etwas schenken können, genauso wie es mir gut geht, wenn ich etwas für andere tun kann. Auch in diesem Zusammenhang sind die Erwachsenen wichtige Vorbilder für ihre Kinder. Kinder werden positiv beeinflusst, wenn sie erleben, wie ihre Eltern sich darüber freuen, Aufmerksamkeit, Lob oder Geschenke zu bekommen!

Es gibt ein ganz natürliches Bedürfnis bei allen Kindern, geben und auch nehmen zu wollen. Zeigen Kinder ständig aggressiven Unwillen oder Eifersucht, wenn andere etwas bekommen, ist die Wahrscheinlichkeit groß, dass sie nie die Erfahrung gemacht haben, dass man selbst etwas entgegennehmen kann, ohne etwas zurückgeben zu müssen.

Als Eltern muss man darauf vertrauen, dass das Kind aus eigener Kraft etwas geben kann, ohne dass man es dazu erziehen muss. Als ich zu Kristin, fünf Jahre, sagte: »Sag jetzt Oma Danke für das schöne Geschenk«, konnte sie überaus genervt reagieren und ihren Protest zeigen, indem sie wegging. Sie machte mir deutlich: »Ich will selbst entscheiden, wann ich Danke sagen will.«

Måns und Lina, die beide ein ruhigeres Temperament hatten, lernten, artig »Danke« zu sagen, protestierten aber verdeckt bzw. später, als sie älter wurden.

Ein Teenager erzählte mir: »Ich mag weder Geschenke noch Komplimente bekommen, und ganz besonders nicht von meinen Eltern. Jedes Mal, wenn sie mir etwas schenken, entsteht in mir das unangenehme Gefühl, dass ich feststecke. Dass ich nett und lieb sein und etwas zurückgeben muss, weil sie es von mir erwarten. Und das will ich nicht. Ich will mich frei fühlen.«

Auch wenn du den Instinkten deines Kindes vertrauen kannst, ist es wichtig, die Kinder dazu zu inspirieren, die Freude am Geben und Nehmen zu erleben. Das kann man tun, indem man kleinen wichtigen Geschehnissen in ihrem Leben Aufmerksamkeit schenkt oder indem man ihre Freude daran, anderen etwas zu schenken, bestätigt und sie ermuntert. Anstatt Kristin zum Dankesagen zu zwingen, hätte ich sie inspirieren können. Etwa durch den Vorschlag: »Wollen wir uns nicht eine nette Überraschung für Oma ausdenken, du und ich?«

Doch auch ohne dass ich Ideen präsentierte, gab Kristin fast immer aus eigenem, freiem Willen etwas zurück, wenn es ihr passte und einfach so von Herzen kam. Wenn ich sie unter Druck setzte, zielte ich auf die unmittelbare Zufriedenstellung von Omas Bedürfnissen, ohne Kristins Gefühle zu beachten. Aber Oma ist eine erwachsene Frau, und sie kann sich selbst um ihre Bedürfnisse kümmern.

Trauer gibt es auch

Als Lina vier Jahre alt war, verstarb ihr Opa. Es war traurig, fanden wir Erwachsenen. Aber für Lina war das Traurigste dabei, dass sie sehen konnte, dass wir trauerten. Opa hatte weit weg gewohnt, und sie hatte ihn nur selten gesehen. Außerdem lebte sie noch in ihrer magischen Welt, wo Leben und Tod Hand in Hand gehen. Sie konnte sich sehr gut vorstellen, dass Opa jetzt im Himmel oder an einem anderen Ort war. Manchmal war sie traurig darüber und teilte die Trauer mit uns. Um dann wenige Minuten später zu tanzen und zu singen: »Opa ist tot, tralalalala.« Oder um zu sagen: »Morgen werde ich Opa im Himmel besuchen.«

Wenn aber ihre Puppe einen Arm verlor oder eine Katze von einem Auto totgefahren wurde, war sie untröstlich. Das war für sie greifbar und ging ihr nahe, und dann waren ihre Gefühle schmerzhaft und sie vermisste das, was gewesen war. Manchmal handelt man als Erwachsener in solchen Situationen etwas zu schnell, weil man die Freude wiederherstellen will, um das Traurige zu vergessen. Oder man übergeht die Gefühle des Kindes, weil es in erwachsenen Augen über etwas trauert, das nicht so wichtig war. Mit der Zeit erkannte ich jedoch, dass jeder große Verlust dem Kind die Möglichkeit gibt, Erfahrungen mit den bodenlosen und komplizierten Gefühlen der Trauer zu machen. Oft reicht es aus, wenn man nur danebensitzt, das Kind umarmt, zuhört und über das Traurige, das geschehen ist, plaudert. Lass zu, dass es seine Zeit braucht. Respektiere die Tränen des Kindes und sage: »Ja, jetzt weinen wir eine kleine Weile. Es ist schön, zu weinen. Danach versuchen wir, den Arm der Puppe wieder heil zu machen.«

Das Leben wird ohne Zweifel einige kleine und große Trauerfälle mit sich bringen. Der Freund, der Schluss macht. Mama und Papa, die sich scheiden lassen. Freunde oder Bekannte, die schwer krank werden oder sterben.

Wenn man keine Angst hat vor dem Gefühl des tiefsten Schmerzes und der Trauer, wird man mit solchen Ereignissen besser umgehen können. Man wird sich trauen, mit anderen darüber zu reden. Weinen ist erlaubt, und man hat die Erfahrung gemacht, dass sogar das allerschlimmste Trauergefühl irgendwann vorübergeht.

Eine Frau um die dreißig, die wegen Erschöpfungszuständen für längere Zeit krankgeschrieben war, besuchte mich. Sie war immer eine tüchtige Frau gewesen, die Höchstleistungen anstrebte. Es fiel ihr aber schwer, Gefühle und Tränen zuzulassen. Bei einem unserer Gespräche fragte ich sie, ob sie Tiere mag. Sie erzählte von ihren eigenen Katzen, und nach einer Weile erinnerte sie sich zurück: »Als ich sieben Jahre alt war, hatten wir auch eine Katze. Sie hieß Elsa und hatte mich in meinem Leben von Anfang an begleitet. Wenn ich mich einsam oder traurig fühlte, kuschelte ich mit Elsa, und sie schlief auch immer bei mir in meinem Bett. Jeden Tag, wenn ich von der Schule kam, habe ich als Erstes Elsa gesucht.

Eines Tages, als ich nach Hause kam, saßen meine Eltern mit den Nachbarn auf unserer Terrasse. Sie redeten und lachten. Ich ging umher und suchte die Katze, konnte sie aber nicht finden. Schließlich fragte ich meine Eltern: »Habt ihr Elsa gesehen?« Papa sah mich an und sagte: »Wir haben sie erschossen. Sie war zu alt.« Da sah ich sein Gewehr. Es lehnte an einem der Terrassenstühle, auf dem unser Nachbar saß. Die Erwachsenen unterhielten sich weiter. Ich rannte in mein Zimmer, setzte mich aufs Bett und starrte vor mich hin. Ich weinte nicht, und meine Eltern erwähnten die Katze nie wieder.«

Als die Frau ihre Geschichte beendet hatte, fing sie an zu weinen. Die Tränen flossen in Strömen und zwischen den Schluchzern sagte sie: »Ich habe noch nie über Elsa geweint. Aber es fühlt sich richtig schön an, es jetzt zu tun.«

Mit den Tränen können wir uns öffnen und können die Trauer zulassen, die wir in diesem Moment empfinden. Manchmal sind wir vielleicht wegen etwas ganz anderem traurig als das, worüber wir gerade weinen. Aber die Tränen können alle Gefühle der Trauer auf einmal wegspülen.

Du machst deinem Kind ein großes Geschenk, wenn du neben ihm sitzen und seine Tränen empfangen kannst, ohne sie sofort wegzuwischen und ohne ein Lächeln hervorlocken zu wollen.

~

Gefühle machen uns lebendig.
Das Lachen, das Weinen und die Anteilnahme.

~

Geschwister

Konkurrenzverhalten

Ich bin mit zwei Schwestern aufgewachsen. Einer älteren und einer jüngeren. Meine ältere Schwester ist nur ein Jahr älter als ich. Sie war meine ewige Konkurrentin, ich verglich mich ständig mit ihr.

Obwohl ich sie bewunderte und zu ihr aufsah, konnte ich ihr gleichzeitig einen grausamen Tod wünschen. Zumindest wollte ich sie hin und wieder besiegen können oder sie verlieren sehen. Es sind sehr verwirrende und widersprüchliche Gefühle, aber ich habe begriffen, dass ich nicht die Einzige bin, die so empfindet.

Über lange Jahre war ich der Meinung, dass ich als Kind ungerecht behandelt würde. Meine Schwester war hübscher, schlauer und erfolgreicher als ich. Dazu kam, dass sie Mamas und Papas Liebling war und in ihren Augen alles richtig machte. Das entsprach zum größten Teil sicherlich auch der Wahrheit. Meine Schwester erfüllte eher die Erwartungen, die man damals in den 1950ern an junge Mädchen stellte.

Sie war still und lieb und tat, worum die Erwachsenen sie baten. Ich war aufsässiger, lebendiger und redseliger. Damals fiel es den Erwachsenen schwerer, die Vorteile einer Persönlichkeit wie meiner zu erkennen. Sicherlich bekam ich den einen oder anderen unüberlegten Kommentar von meinen Eltern zu hören:

»Wenn du nur auch so schön still sitzen könntest!«

»Deine Schwester war so tüchtig und hat ihr Kleid gar nicht dreckig gemacht.«

»Warum kannst du nicht auch einfach deinen Mund halten.«

Kommentare, die den Zweck hatten, uns zu einem guten Be-

nehmen zu führen, die aber wie Geschosse direkt in das emp-
findliche Selbst des heranwachsenden Kindes trafen.

In meiner Welt verfestigten sich Interpretationen wie:

»Ich bin nicht gut genug.«

»Ich tauge nichts.«

»Meine Schwester hat immer mehr Glück als ich.«

»Wenn es sie nicht gäbe, wäre alles besser.«

Die Welt meiner Schwester sah ganz anders aus:

»Ich muss immer die Beste sein.«

»Ich kann keine Risiken eingehen.«

»Ich muss dem Bild des perfekten Kindes entsprechen.«

»Wenn es meine Schwester nicht gäbe, hätte ich meine
Ruhe.«

Anstatt in der Gewissheit zu ruhen, dass wir in der anderen
immer eine nahestehende Freundin hatten, mit der wir unser Leben und unsere Erlebnisse teilen konnten, hatten wir
stets ein wachsames Auge aufeinander. Erst als wir beide weit
über vierzig Jahre alt waren, gelang es mir, meine Sicht auf
unsere Beziehung zu verändern. Ich war zu Besuch bei meiner Schwester und erzählte ihr von irgendeinem fantastischen
Projekt, mit dem ich sehr viel Erfolg hatte. Plötzlich sah sie
mir direkt in die Augen und sagte: »Kannst du nicht endlich
damit aufhören, dich mit mir zu messen?« Als sie das sagte,
wusste ich mit einem Mal, dass sie vollkommen recht hatte.
Ich saß immer noch da wie die verschmähte kleine Schwester und versuchte, sie zu übertreffen. Endlich konnte ich einsehen, wie unglaublich viel negative Energie dieses Konkurrenzverhalten mich kostete. Heute kann ich meine Schwester
so schätzen und lieben, wie sie ist, und für das, was sie macht,
und kann mich gleichzeitig frei fühlen, mein eigenes Leben
zu leben, ohne mich mit ihr zu vergleichen.

Wenn wir uns über unsere Kindheit unterhalten, begreifen wir, dass unsere jeweiligen Erlebnisse und Interpretationen der Geschehnisse für uns beide ganz individuell sind. Ich habe alles von meiner Seite aus gesehen und sie von ihrer. Während ich umherging und auf sie eifersüchtig war, weil sie immer perfekt war, lebte sie in ständiger Eifersucht auf mich, weil ich mich traute, jede Grenze zu überschreiten. Wie den meisten Eltern zur damaligen Zeit war es unseren Eltern nicht möglich, zu erkennen, welch weitreichende Folgen es hat, wenn man die Kinder miteinander vergleicht. Außerdem bekamen wir nie Gelegenheit, über die Gefühle, die wir in uns trugen, zu reden. Wir sollten nur lernen, dass man als Geschwister zusammenhält.

Gefühle ausleben

Man kann nicht *lernen*, zusammenzuhalten. Das wäre nur ein oberflächliches Verhalten, das früher oder später in sich zusammenfällt. Dagegen kann man lernen, Erlebnisse und Gefühle zuzulassen und sie an der Oberfläche auftauchen zu lassen, egal, wie unangenehm oder sonderbar sie sind. Denn was meiner Schwester und mir die größten Probleme bereitete, war, *dass es verboten war, über Probleme zu reden.* Wir sollten so leben, als wäre es möglich, die Eifersuchtsgefühle oder den Neid auszuradieren, bevor wir sie zum Ausdruck bringen konnten. Wir mussten uns in Acht nehmen und uns so verhalten, als wären solche Gefühle eine gefährliche Krankheit. Das hatte zur Folge, dass wir *beide* große Scham verspürten über das, was wir tatsächlich über die jeweils andere empfanden und dachten. Eine Scham, die mit einem kühlen Lächeln oder mit übertriebener Betriebsamkeit und Tüchtigkeit über-spielt wurde.

Als wir uns im Erwachsenenalter endlich trauten, uns ge-genseitig die lebenslangen Gefühle der Eifersucht und Kon-kurrenz mitzuteilen, war es, als deckten wir ein Geheimnis auf, das wir beide für ein altes Monster gehalten hatten, und dabei saß da nur ein verschreckter, kleiner Hase.

Der Großteil der Gefühle, die man an die Oberfläche ge-langen lässt, erweist sich als ungefährlich und harmlos.

Auch wenn Eltern überaus bewusst und mit gutem Willen versuchen, allen ihren Kindern gleich viel Aufmerksamkeit und Liebe zu geben, entsteht dennoch meist eine gewisse Ei-fersucht oder ein Konkurrenzverhalten. Kann man das res-pektieren, ohne zu versuchen, diese Gefühle durch Drohun-gen und Regeln zu unterdrücken, wird die Belastung für alle Beteiligten nicht so groß sein. Den Umgang mit Gefühlen zu erlernen, die mit Konkurrenz und Vergleich zu tun haben, ist ein wichtiger Prozess des Großwerdens.

Ich hatte Besuch von einer Freundin aus Deutschland, und wir machten einen Spaziergang über den Jahrmarkt. Wir ka-men an einem kleinen Kinderkarussell vorbei, und meine Freundin lachte plötzlich laut auf. Sie zeigte auf die kleinen Autos, die auf einer festen Spur im Kreis fuhren und in denen jeweils zwei Kinder nebeneinandersaßen. Die Kinder hatten je ein Lenkrad.

»Haha, typisch Schweden«, lachte meine Freundin. »Zwei Lenkräder in einem Auto! Das würde in Deutschland nie funktionieren. Dort käme niemand auf den Gedanken, dass zwei gleichzeitig lenken könnten. Ne, ne, dort sollen die Kin-der lernen, dass nur EINE Person lenken kann!«

Wir sprachen über ihre Reaktion und kamen zu dem Schluss, dass es eine ganz tolle Idee ist, zwei Lenkräder in einem Auto zu haben. Beide Kinder können sich so gleichzeitig amüsieren. Ermüdende Konflikte werden vermieden. Aber gleichzeitig sollte es uns klar sein, dass wir unseren Kindern damit eine Gelegenheit nehmen, bei der sie Erfahrungen mit Eifersucht und Konkurrenz hätten machen können. EIN Lenkrad ist also auch nicht verkehrt. Denn jeder Mensch muss lernen, Konflikte durchzustehen und sie zu bewältigen.

Als Tobias sieben Jahre alt war, kam seine Halbschwester Lina auf die Welt. Er war sieben Jahre lang allein gewesen, und plötzlich tauchte ein kleiner Eindringling auf. Eine Person, die von den Eltern sehr viel Zeit und Aufmerksamkeit forderte. Tobias wurde natürlich rasend vor Eifersucht. Er war ein starkes und offenes Kind und zeigte seine Gefühle geradeheraus mit seinem ganzen Körper. Er kniff die kleine Lina, wenn wir nicht hinschauten, warf ihre Spielsachen weg, lachte laut, wenn ihr etwas nicht gelang, sabotierte ihre Spiele, ärgerte und schubste sie.

Meine Strategie bestand aus dem Versuch, ihm *begreiflich* zu machen, dass er seine Schwester lieben und nicht auf sie eifersüchtig sein solle. Ich verurteilte sein Verhalten und ermahnte ihn: »Du bist sieben Jahre älter als sie. Du verstehst doch wohl, dass du nicht einfach ihre Spielsachen kaputt machen kannst!« Es kam vor, dass ich so wütend und verzweifelt war, dass ich weinte, während ich mit ihm schimpfte. Ich zeigte ihm ganz deutlich, dass ich verletzt war und dass er daran schuld war. Natürlich wurde dadurch nichts besser. Eher im Gegenteil. Es wurde zu einem andauernden Alltagskrieg, bei dem Lina, Papa und ich auf der einen Seite standen und Tobias auf der anderen. Er war der Schurke in unserem Drama, und hätte er sein Verhalten nur geändert, wäre alles wieder gut gewesen.

Heute weiß ich, dass es keinen Schurken gab, den ich aus dem Drama verjagen musste. In Tobias gab es nur Eifersucht, Schmerz und eine große Sehnsucht danach, verstanden zu werden. Hätte ich dies schon damals begriffen, hätte ich ihn natürlich trotzdem daran gehindert, Lina zu stören oder sie zu verletzen. Aber ich hätte ihn auch umarmt und ihm geholfen, die Verzweiflung, die er in sich spürte, zu ertragen. Ich hätte meine eigenen Gefühle besser einordnen können und es nicht als persönliche Kränkung gesehen, wenn er seine kleine Schwester sabotierte.

Als Lina zwei Jahre alt war, kam ihr kleiner Bruder Måns zur Welt. Ich achtete sehr darauf, sie an allen kleinen Aufgaben um ihn herum zu beteiligen, und trotzdem erkannte ich ihre widersprüchlichen Gefühle der Tatsache gegenüber, dass er jetzt zur Familie gehörte. Da Lina schon sehr früh sprechen konnte, benutzte sie raffiniert ihr verbales Vermögen in ihren Versuchen, das neue Familienmitglied hinauszumanövrieren.

Ein Beispiel: Zu der Zeit hatten wir in unserem Bekanntenkreis einen Mann namens Kjell. Aus irgendeinem Grund mochte Lina ihn nicht, und sie hielt zu ihm immer einen gewissen Abstand. Sie brauchte oft sehr lange, bis sie neue Menschen mochte und zu ihnen Vertrauen fasste. Als ihr kleiner Bruder sieben Monate alt war, feierten wir Weihnachten, und er bekam als Geschenk seinen allerersten Teddy. Lina liebte ihren eigenen Teddy, den auch sie schon im Babyalter bekommen hatte. Er hieß Målle, und wir hatten ihn feierlich so getauft. Als Lina sah, dass der kleine Måns nun seinen eigenen Teddy bekommen hatte, betrachtete sie diesen lange und argwöhnisch. Ich verstand, dass ich sie irgendwie an diesem neuen Teddy teilhaben lassen musste, und fragte sie deshalb: »Wie wollen wir Måns' neuen Teddy nennen, was meinst du?« Mit dunkler, fast fauchender Stimme antwortete Lina sofort: »Er soll Kjell heißen.« Das war der absolut schlimmste Name, der ihr einfiel.

Ich habe ihren Vorschlag akzeptiert, ohne darüber zu diskutieren. Irgendwo in mir drin ahnte ich, dass es für sie wichtig war, einen gewissen Abstand zu Måns zu wahren. Es musste ihr erlaubt sein, ihn in ihrem eigenen Tempo anzunehmen, ohne sich von meinen Erwartungen in Bezug auf ein liebevolles Geschwisterverhältnis unter Druck gesetzt zu fühlen.

Ein anderes Mal hörte ich, wie Måns im Kinderzimmer verzweifelt weinte. Ich lief hin und sah, dass er gefallen war. Es war nichts Schlimmes passiert, aber ich setzte mich hin und tröstete ihn eine Weile. Da kam Lina leise in den Raum geschlichen und brachte den Målleteddy mit.

»Es war der Målleteddy, der ihn geschubst hat. Ich habe ihm gesagt, dass er das nicht machen darf.«

Sofort ging ich auf ihr schlau arrangiertes Drama ein: »Wie gut, dass du ihm gleich Bescheid gegeben hast. Es ist gut, dass du ihm beibringst, dass er nicht schubsen darf.«

So bekamen wir beide die Möglichkeit, uns gegenseitig etwas Wichtiges zu sagen, ganz ohne Geschrei und ohne Ermahnungen und Verurteilungen. Vielleicht wollte Lina damit sagen: »Ich weiß, dass ich ihn nicht schubsen darf. Ich will es nicht tun, aber ich konnte es nicht lassen.« Und ich antwortete eigentlich: »Es ist schön, dass du dein Bestes tust, um lieb zu deinem kleinen Bruder zu sein.«

Wir sind alle einzigartige Persönlichkeiten und haben verschiedene Strategien im Umgang mit Schmerz. Kein Geschwisterpaar gleicht dem anderen. Als Eltern sollten wir unser Bestes tun, um unser Kind zu verstehen, ihm zuzuhören und Unterstützung zu geben bei seinen Versuchen, die Gefühle und Fantasien, die wie folgt aussehen können, zu überwinden:

»Meine Schwester ist mir im Weg.«

»Es gibt nicht genug Liebe, als dass sie für uns beide reichen würde.«

»Wenn es meinen Bruder nicht gäbe, wäre ich viel glücklicher.«

»Mama und Papa lieben ihn mehr als mich.«

»Ich werde übergangen.«

Dies sind ganz natürliche Gefühle, die bei uns allen aufkommen können, auch wenn wir sie dann auf unterschiedliche Weise zum Ausdruck bringen.

Mir sind erwachsene, intelligente Menschen begegnet, die mehr oder weniger bewusst versuchten, sich auf ihrem gemeinsamen Arbeitsplatz gegenseitig zu verdrängen. Vermutlich aus der Angst heraus, selbst außen vor zu stehen oder in der Hierarchie nach unten geschubst zu werden. Es ist ganz hilfreich, sich an solche Situationen zu erinnern, wenn man darüber enttäuscht ist, dass es den eigenen Kindern schwerfällt, sich gegenseitig wertzuschätzen.

Es ist überhaupt nicht unmöglich, ein und demselben Menschen gegenüber sowohl Liebe als auch Hass zu empfinden. Anstatt das eine Gefühl zu verdrängen, um dem anderen den Vortritt zu geben, sollte man akzeptieren, dass es sie beide gibt. Wenn man die Sache so sehen kann, wie sie wirklich

ist, fällt es einem leichter, mit den eigenen Reaktionen umzugehen und einen positiven Weg aus der Eifersucht heraus
zu finden.

Kristin bekam ihren kleinen Bruder Oskar, als sie ein Jahr
alt war, und ihre kleine Schwester Nelly im Alter von vier
Jahren. Zu der Zeit hatte ich mich selbst weiterentwickelt und
gelernt, dass positive Gefühle nicht besser sind als negative.
Ich versuchte auch nicht mehr, das Verhalten meiner Kinder
von einem gewissen Vorbild bzw. einer Idee des perfekten Fa-
milienbildes aus zu kontrollieren. Dies bewirkte, dass Kristin
das ausdrücken konnte, was sie gerade empfand.

»Oskar ist doof. Er nimmt meine Sachen.«

»Ich hasse ihn. Ich will nicht, dass er hier ist.«

»Ich will nicht, dass ihr diese Puppe für Nelly kauft. Sie ist
viel hübscher als meine Puppe.«

»Ihr sollt mich filmen und nicht Nelly.«

Meine Antwort war keine von denen, die zuallererst in
meinem Kopf auftauchten, wie beispielsweise:

»Aber Oskar ist doch nicht doof. Er ist nur klein und versteht das alles nicht.«

»Du kannst deinen eigenen Bruder nicht hassen. Er gehört
doch zur Familie, genau wie du.«

»Du solltest deiner Schwester gönnen, dass sie eine niedli-
che Puppe bekommt.«

»Jetzt ist Nelly dran, gefilmt zu werden. Du bist schon genug gefilmt worden.«

Stattdessen bestätigte ich, dass es o.k. war, sich so zu fühlen, wie sie es tat. Ich wusste, dass das, was sie sagte, eher ein
Ausdruck eines plötzlichen und spontanen Gefühls war und
keine wohlüberlegte, reife Behauptung. Hätte ich aber ange-

fangen, die Geschwister zu verteidigen und Kristins Aussagen zu diskutieren, hätte ich der ganzen Sache viel mehr Bedeutung zugeschrieben, als sie ursprünglich hatte.

Meine Antwort lautete stattdessen ungefähr so:

»Ich kann verstehen, dass du Oskar doof findest. Aber das geht wieder vorüber.«

»Ich weiß, dass es für dich schwierig ist, wenn die kleine Schwester mehr Aufmerksamkeit bekommt. Aber das geht vorbei.«

Manchmal sagte ich auch gar nichts, sondern zeigte mit meiner Körpersprache und meiner Mimik, dass es überhaupt nicht schlimm war, dass sie ihre Gefühle zum Ausdruck gebracht hatte. Mein Bestreben war es, ihre Gefühle zu respektieren und mich dabei nicht von ihnen beeinflussen zu lassen.

Wenn die Gefühle gezeigt und von mir angenommen worden waren, löste sich die Eifersucht meist wieder in Luft auf. Manchmal ging es ganz schnell, andere Male war es etwas schwieriger und dauerte ein wenig länger. Es endete aber immer damit, dass Kristin nach einer »Eifersuchtsattacke« aus eigener Initiative ihre Geschwister wieder aufsuchte, um etwas Schönes mit ihnen zusammen zu machen. *Kinder wollen das Gute!*

Es war auch wichtig, dass ich als Mutter die Bedürfnisse aller meiner Kinder nach Integrität in unserer Patchworkfamilie mit Geschwistern und Halbgeschwistern berücksichtigte.

Hier einige Tipps zu Verhaltensweisen, die bei uns gut funktionierten:

- Bestätige die Kinder, ohne sie zu vergleichen.
- Zeige Anerkennung, wenn beispielsweise die große Schwester der Kleinen hilft – aber überlass ihr selbst die Entscheidung, ob sie helfen will.

- Gib den Kindern die Möglichkeit, ihre eigenen Sachen für sich zu behalten und sich allein zurückziehen zu können.
- Gib jedem Kind Zeit allein mit Mama oder Papa. »Nur du und ich!«
- Zeige Anerkennung für ihre Bemühungen, mit den anderen zu teilen und zu ihnen zu halten.

Auch wenn ich mir viel Mühe gab, gelang es mir nicht immer, meine eigenen Ratschläge zu befolgen, aber die Grundeinstellung hat mir sehr geholfen. Manchmal entstanden dann doch Turbulenzen und gefühlsmäßiges Chaos, weil ich einfach nicht immer in der Lage war, auf dem geraden Weg zu bleiben. Und ich hörte, wie ich meine Kinder anschrie: »Könnt ihr nicht endlich mit dem Streit aufhören und einfach zusammenhalten?«

Müdigkeit, Anspannung und Wut ließen das unausstehliche Kind in mir wieder auftauchen. Dann musste ich mir selbst dieselben Sachen sagen, die ich auch meinen Kindern vermittelte: »Ja, ja, ist schon gut. Es geht wieder vorüber. Du tust doch dein Bestes!«

Darauf atmet man einmal tief durch und fängt wieder von vorne an.

~

Geschwister sind eine wunderbare Gelegenheit,
auf spielerische Art zu erfahren,
wie Beziehungen funktionieren.
Ich bin ich, und du bist du.

~

Wenn das Leben zum Chaos wird

Scheidung

Das Leben gestaltet sich selten so, wie man es geplant bzw. es sich vorgestellt hat. Ich selbst hatte schon im Teenageralter klare Bilder und Ideen davon, wie eine Familie funktionieren solle. Ich dachte, dass *andere* Menschen sich trennen und ihre eigenen Bedürfnisse vor die der Kinder stellen könnten. Das würde ich selbst aber niemals tun. Wenn ich eine Familie bekäme, würde ich sie um jeden Preis zusammenhalten. Hätte mir damals jemand erzählt, dass ich sechs Kinder von drei verschiedenen Vätern bekommen sollte, hätte ich lauthals protestiert. *Ich* doch nicht! Meinen guten Gedanken und Vorsätzen zum Trotz wurde meine Familie deutlich komplizierter, als ich es mir gewünscht hatte. Mit meinem ersten Kind lebte ich fünf Jahre lang allein, bevor ich einen neuen Mann kennenlernte, ihn heiratete und zwei weitere Kinder bekam. Nach einigen Ehejahren verliebte ich mich Hals über Kopf in einen anderen Mann. Ich ließ mich scheiden, heiratete meine neue Liebe und bekam weitere drei Kinder. Wir leben jetzt seit vielen Jahren zusammen. Obwohl meine Kinder nun fast alle erwachsen sind, habe ich mich erst in den letzten Jahren getraut, in den Rückspiegel zu schauen und darüber nachzudenken, wie ich mich bei den jeweiligen Trennungen verhalten habe.

Nach der Trennung von meinem ersten Ehemann machte ich alle Fehler, die man nur machen kann. Damals war mein ältester Sohn elf Jahre alt und kam mit mir, als ich auszog. Sein Vater lebte in einem anderen Teil von Schweden; sie sahen sich nur in den Schulferien. Sein Vater stellte keine weiteren Ansprüche, und es war relativ einfach, mit der Situation umzugehen. Nach der zweiten Scheidung waren Lina und Måns fünf bzw. zwei Jahre alt, und ich ließ sie mit ihrem Papa in unserem Zuhause zurück und wurde selbst Wochenendmama. Es gab dieses »tüchtige Mädchen« in mir drin, das wollte, dass alles nach außen hin perfekt aussehen sollte. Ein kleines Mädchen, das alles Unangenehme und Traurige sofort wegwischt. Das Unangenehmste und Verbotene waren die Schuld und die Scham, die in meinem Körper rotierten. Anstatt der Situation ins Auge zu sehen und die Verantwortung dafür zu übernehmen, drückte ich die Augen zu. Ich versuchte meinen Betrug gegenüber dem Vater meiner Kinder dadurch zu kompensieren, dass ich die beiden bei ihm wohnen ließ. Zu allen anderen Menschen sagte ich: »Es wird für die Kinder am besten sein, wenn sie mit ihrem Papa in ihrem Zuhause bleiben.« Wäre ich aber nicht so sehr von Schuld beladen gewesen, hätte ich begriffen, dass das Beste für die Kinder gleich viel Zugang sowohl zu Papa als auch zu Mama gewesen wäre.

Den Kindern gegenüber versuchte ich auch noch, die homogene Familie, die ich ihnen genommen hatte, zu ersetzen. Aber die Kompensationsversuche, in welcher Form auch immer, stellten sich als hoffnungslose Aufgabe heraus. »A never ending story!«

Ich habe viele getrennte Eltern, die dieselbe unmögliche Aufgabe auf sich nehmen, kennengelernt. Eine Frau erzählte mir: »Ich ließ mich scheiden, als meine beiden Ältesten noch klein waren. Jetzt sind beide erwachsen, aber mein schlechtes Gewissen bewirkt immer noch, dass ich nie ›Nein‹ zu ihnen sagen kann. Ich tue einfach alles für sie. Wenn sie Geld brauchen, bekommen sie es. Wenn sie einen Babysitter für ihre Kinder brauchen, bin ich sofort da, um auf meine Enkel aufzupassen. Wenn die Enkel hier- oder dorthin gefahren werden möchten, komme ich. Ich protestiere auch niemals, wenn sie bestimmte Ansichten über mich oder mein Leben äußern. Und so ist es seit dem Tag der Trennung gewesen. Natürlich möchte ich mich hin und wieder um meine Enkel kümmern oder hier und da aushelfen und sie auch mal in ihren Ansichten bestätigen. Aber doch nicht immer. Es ist, als würde ich mir keine eigenen Rechte gewähren, keine Grenzen setzen oder Forderungen stellen. Ich habe sie doch schon so sehr verletzt.«

Ich selbst hielt die Fassade in unserer neuen Familiensituation aufrecht, indem ich es so erscheinen ließ, dass meine Art, die Sache anzugehen, viel besser und richtiger sei als die meines Exmannes. Es war so leicht, über all die Fehler, die er machte, zu reden. Er kaufte die falsche Kleidung für die Kinder, fuhr im Urlaub an die falschen Orte, hatte eine ganz falsche Alltagsroutine, kochte das falsche Essen, wählte die falsche Frau und so weiter.

Mein eigenes schlechtes Gewissen ließ mich sogar so weit gehen, dass ich meinem neuen Mann nicht erlaubte, jemals die Stimme zu erheben, Wut oder Unzufriedenheit zu zeigen. Er sollte sich seinen Bonuskindern gegenüber doch perfekt verhalten!

Heute habe ich eingesehen, dass ich die Kinder immer weiter verletzte, indem ich die Verantwortung für meine eigenen Gefühle nicht übernahm und indem ich mich den Kindern gegenüber so verhielt, als müsse ich sie schützen. In Wirklichkeit versuchte ich, mich selbst zu schützen. Da ich mich so sehr bemühte, meinen Kindern Kompensation für die Scheidung zu verschaffen, würde kein Mensch das große schwarze Loch, das sich in mir befand, entdecken.

Es dauerte viele Jahre, bis ich allmählich einsehen konnte, dass ich eine Therapie brauchte, um meine Frustration, meine Scham und meine Schuldgefühle zu verarbeiten. Erst dann konnte ich langsam loslassen und mit den alles umfassenden Kompensationsversuchen, bei denen ich die Kinder als Lösung meiner Probleme benutzte, aufhören. Nach einer Scheidung muss ein Kind sich an zwei erwachsene und reife Menschen, die weiterhin – wenn auch getrennt – seine Eltern sind und bleiben, anlehnen können. Eine Scheidung muss für das Kind nicht zum Dilemma werden.

Dass man als Erwachsener eine Therapie macht und somit die Verantwortung für sich selbst übernimmt, bewirkt, dass das Kind sich weiterhin frei fühlen, wachsen und sich entwickeln kann, ohne von den schmerzhaften Erfahrungen der Eltern belastet zu werden. Das Optimale ist sicherlich, wenn beide Eltern nach einer Scheidung in Therapie gehen, damit keine Gefahr besteht, dass das Kind in irgendeiner Weise die Verantwortung auf sich nimmt, weil Mama oder Papa es allein nicht schaffen.

Hätte ich damals das Wissen gehabt, das ich heute habe, hätte ich sofort eine Therapie gemacht, anstatt zu versuchen, stark zu sein und alles allein zu schaffen! Denn als ich keinen Bedarf mehr hatte, meinen eigenen Schmerz zu lindern, indem ich gegen meinen Expartner einen heimlichen Krieg führte oder indem ich von meinem neuen Mann verlangte, perfekt zu sein, konnte ich alles viel entspannter angehen und die Dinge mit neuen Augen betrachten. Ich konnte endlich akzeptieren, dass wir nun zwei unterschiedliche Familien waren mit verschiedenen Ansichten und Ideen darüber, wie das Leben gelebt wird. Solche unterschiedlichen Lebensweisen können sogar eine Bereicherung für die Kinder sein. Wenn die geschiedenen Eltern keinen Konflikt daraus machen, werden auch die Kinder keinen darin sehen.

Viele geschiedene Eltern versuchen mehr oder weniger erfolgreich, eine gemeinsame Linie in ihrem Verhalten den Kindern gegenüber hinzubekommen. Unterschiedliche Verhaltensmuster müssen aber gar nichts Schlechtes sein. Ganz im Gegenteil können solche Unterschiede den Kindern Rückhalt geben, wenn sie damit umgehen lernen, dass die Eltern nun getrennt leben.

Ein Vater berichtete: »Die Kinder sind wechselweise eine Woche bei mir und eine Woche bei ihrer Mutter. Am Anfang habe ich mich immer wieder aufgeregt, wenn sie von ihrer Mutter zurückkamen. Ich war der Meinung, dass sie die Kinder verwöhnte und ihnen viele unnötige Sachen, Klamotten, Reisen und viel zu viel Geld gab. Sie und ich haben ganz unterschiedliche Ansichten, wenn es um Konsumverhalten geht. Ich selbst halte es für wichtig, mit den Kindern zusammen zu sein, gemeinsam zu spielen und die Natur zu erleben. Dann merkte ich aber, dass die Kinder unruhig wurden, wenn sie bei mir ankamen, und dass sie anfingen, Sachen, die sie von ihrer Mutter bekommen hatten, zu verstecken und vor mir geheim zu halten. Sie hatten Angst, dass ich mich darüber aufregen und schlecht über ihre Mama reden würde. Da begriff ich, wie blöd es von mir war.

Von da an begann ich mich dafür zu interessieren, was sie von Mama bekommen und was sie mit ihr unternommen hatten, ohne dies mit meinen eigenen Ansichten zu vergleichen. So wurde alles viel besser. Die Kinder entspannten sich und lernten, dass Mama es so macht – und Papa eben anders.«

Ein Beispiel aus meinem eigenen Leben sah ungefähr so aus: Lina und Måns saßen bei mir am Tisch und aßen Hähnchen. »Bei Papa dürfen wir nicht mit den Händen essen«, sagte Lina und schaute mich genau an, während sie an einem Hähnchenschenkel knabberte, den sie in der Hand hielt.

»Das ist o.k.«, antwortete ich. »Bei mir essen wir eben anders.« Ich bewertete die Sache nicht, sondern stellte nur fest, dass es Unterschiede gab. Dasselbe galt für die Routinen bei den Hausaufgaben, Zubettgehzeiten, beim Saubermachen oder bei den Einkäufen von Kleidung und anderem Kram.

»Die Hose hat Papa mir gekauft, und er möchte nicht, dass ich sie anziehe, wenn ich draußen spiele«, sagte Måns, als ich für ihn Kleidung bereitgelegt hatte.

»Alles klar. Dann suchen wir eine andere Hose für dich«, antwortete ich.

»Bei Papa dürfen wir abends viel länger draußen bleiben«, sagten die Kinder.

»Ja, ich weiß, dass ihr das dürft«, antwortete ich. »Bei mir gibt es eben andere Zeitvorgaben.«

Dabei signalisierte ich deutlich, dass wir verschiedene Sachen unterschiedlich handhaben, dass das nichts Schlimmes ist und dass alles trotzdem wunderbar funktioniert. Letztendlich konnten wir darüber sogar unsere Scherze machen. »Es wird so schön, wieder zu Papa zu fahren, denn er macht sich nicht so viele Sorgen, wenn wir mal ein bisschen zu spät nach Hause kommen«, sagte Lina, und wir konnten beide darüber lachen. Ich ließ einfach zu, dass meine Kinder mit genau dem Papa, den sie haben, und mit genau der Mama, die sie haben, leben konnten. Wenn die Kinder sich mal über etwas, mit dem sie bei ihrem Papa unzufrieden waren, beklagten, hörte ich ihnen zu, als würden sie über irgendwen schimpfen. Ich achtete darauf, dass ich auf keinen Fall versuchte, sie auf meine Seite zu manövrieren, gegen ihn. Dabei hätten wir alle nur verloren.

Kamen die Kinder bei mir an und trugen dabei ganz »falsche« Kleidung, konnte es verlockend sein, am Abendbrottisch mit meinem neuen Mann darüber zu diskutieren. »Ich begreife nicht, was er sich dabei gedacht hat. Lackschuhe mitten im Winter.« Es kann ganz unschuldig wirken, wenn man fast wie im Vorübergehen solche Sprüche von sich gibt. Aber die Kinder hören alles.

Und ist der Unterton dabei: »Er ist ein Idiot. Er denkt falsch. Er ist wertlos. Ein richtiger Trottel. Er müsste es doch besser wissen«, dann vermittle ich meinen Kindern, dass man ihrem Vater nicht trauen kann. Und das würde die Kinder viel mehr verletzen als die dünnen Lackschuhe in der Winterkälte.

Sage ich stattdessen: »Ich sehe, ihr habt eure schönen Lackschuhe an. Jetzt ist es hier aber ganz schön kalt geworden, deshalb ist es besser, wenn ihr warme Schuhe anzieht, solange ihr bei mir seid«, kann ich die Sachlage klären, ohne dabei den Vater schlechtzumachen. Möchte ich die Schuhwahl des Vaters beeinflussen, kann ich es mit ihm diskutieren, ohne die Kinder einzubeziehen.

Als ich dem Vater meiner Kinder Respekt und Akzeptanz zeigen konnte, entspannten sich *alle* und trauten sich, ehrlich und aufrichtig mit ihren Fragen, Gedanken und Gefühlen umzugehen. Es entstand eine Offenheit zwischen den beiden Familien, die bewirkte, dass wir die richtig schwierigen Probleme, die später in unserem Leben auf unerbittliche Weise auftauchten, besser handhaben konnten. Verschiedenheiten sind für Kinder keine Belastung. Sie lernen schnell, dass es unterschiedliche Ansichten gibt, und später werden sie sich für ihre ganz eigene Lebensweise entscheiden. Es gibt aber Ausnahmen. Sollten Probleme mit Drogen, Erniedrigungen oder Gewalt auftauchen, kann man ein solches Verhalten vonseiten des Expartners weder respektieren noch akzeptieren. Dann sollte man sofort das Jugendamt einschalten.

Ein behindertes Kind

Mein fünftes Kind – er ist das zweite Kind meines Mannes Clas – wurde am 20. August 1988 geboren. Er war ein hübsches und großes Baby mit allen zehn Zehen und zehn Fingern da, wo sie hingehören. Er bekam den Namen Oskar. Wir fanden es schön, dass wir nun zwei gemeinsame Kinder hatten, die zusammen aufwachsen sollten.

Zusätzlich zu den Erfahrungen, die wir als Eltern hatten, waren wir beide gut ausgebildete Pädagogen, die seit vielen Jahren mit kleinen und großen Kindern gearbeitet hatten. Und doch standen wir beide diesem neuen Individuum ratlos gegenüber. Nichts in Oskars Verhalten glich dem, was wir von anderen Babys kannten. Er schrie herzzerreißend und viel. Er schlief fast gar nicht. Er hatte Schwierigkeiten beim Trinken an der Brust, und die meiste Milch lief aus seinem Mund wieder heraus. Er geriet in Panik, sobald man ihn in Rückenlage hinlegte. Er schrie noch viel mehr, wenn wir ihn wiegten. Er schrie, wenn wir versuchten, ihn im Kinderwagen zu beruhigen. Er konnte kaum atmen und bekam Angst, sobald es draußen auch nur ein bisschen windig war. Er sah immer ernst und besorgt aus.

Wir verstanden, dass etwas nicht richtig war. Aber die Ärzte schüttelten die Köpfe. Sie konnten an ihm nichts Merkwürdiges feststellen. Er wuchs, wie er sollte. Das Herz schlug. Es würde alles gut werden, meinten sie. Ich wollte daran glauben. Traute mich nicht, daran zu zweifeln. Ich fing an, alles, was mir bei Oskar unnormal vorkam, sofort zu verdrängen.

»Aber jetzt hat er doch wenigstens eine ganze Stunde am Stück geschlafen!«

»Ich bin mir ganz sicher, dass ich ein kleines Lächeln wahrgenommen habe ...«

»Es ist wahrscheinlich nur die Überlebensangst. Anna Wahlgren hat in ihrem Buch darüber geschrieben.«

Möglicherweise konnte ich mir dann doch eingestehen, dass mit ihm ein ganz *kleines* Bisschen nicht in Ordnung war.

Clas traute sich, zu zweifeln. Er sah besorgt aus und wälzte Bücher und suchte nach Ärzten mit mehr Erfahrung.

Oskars Probleme wurden mit den Jahren immer größer. Er konnte nicht sprechen. Er war über ein Jahr alt, bevor er sicher sitzen konnte. Er verhielt sich unruhig und chaotisch. Er schmiss mit Sachen um sich. Nachts schlief er höchstens eine Stunde am Stück. Er schrie weiterhin sehr viel und war selten gut gelaunt.

Nach seinem ersten Lebensjahr waren wir selbst hysterisch vor Müdigkeit und sind beim Arzt weinend zusammengebrochen. Aber die Ärzte schüttelten weiter die Köpfe.

Kristin sperrte sich in ihrem Zimmer ein und spielte dort mit ihren Puppen. Clas und ich wechselten uns beim nächtlichen Wachehalten ab. Wenn ich morgens aufwachte, waren Oskar und sein Papa manchmal gar nicht da. Sie waren mit dem Auto weggefahren und stundenlang auf kleinen Wegen durch die Wälder unterwegs gewesen. Meistens beruhigte sich Oskar beim Autofahren. Ich fand es schön erholsam, wenn sie nicht da waren. Die Stille war wunderbar.

Manchmal fuhr ich selbst den ganzen Tag mit Oskar im Kinderwagen umher, damit Clas auch eine Weile die Stille genießen konnte. Die Lage wurde allmählich unhaltbar. Ich war diejenige, die sagte: »Wir müssen es noch ein bisschen länger versuchen. Es wird sicherlich bald besser.« Clas dagegen sagte: »Wir müssen uns Hilfe holen.«

Wir hörten fast ganz auf, miteinander zu reden, und bewegten uns in unterschiedliche Richtungen. Jeder für sich versuchte auf seine Weise, mit der Lage klarzukommen. Ich schämte mich, weil wir mit unserem eigenen Kind nicht zurechtkamen, und ich beschuldigte uns, dass wir es einfach nicht fest genug versuchten. Clas beklagte dagegen, dass die Mediziner uns nicht ernst nahmen.

Schließlich fanden wir einen Arzt, der uns in die Augen sah, uns zuhörte und verstand. Die Erleichterung war enorm. Darauf folgte eine Zeit voller Krankenhausaufenthalte mit Untersuchungen und Tests. Als Oskar dann schon drei Jahre alt geworden war, wurden wir zu einem Gespräch in die Klinik gerufen. Der Raum war voller Menschen. Dort saßen ein Psychologe, ein Arzt, ein Logopäde, ein Physiotherapeut, ein Pfleger, eine Krankenschwester und eine Sonderpädagogin. Die Stimmung war gedämpft und vorsichtig. Aber die Mitteilung war deutlich: Oskar hatte eine angeborene Entwicklungsstörung. Als ich das Wort »entwicklungsgestört« hörte, verschwand ich auf mentaler Ebene aus dem Raum. Während der Autofahrt nach Hause dachte ich: »Er ist sicherlich nur ein ganz *kleines* bisschen entwicklungsgestört.«

Allmählich stellte sich aber heraus, dass es eine schwere

Entwicklungsstörung war, und Oskar bekam die Diagnose »Angelman-Syndrom«. Er wird nie sprechen können. Er geht und läuft sehr unbeholfen und seine Feinmotorik ist zittrig. Sein Verstand schwankt zwischen dem eines sechs Monate alten Babys und dem eines Zweijährigen. Er hat regelmäßige epileptische Anfälle. Er ist chaotisch und stark und braucht sehr deutliche Grenzen. Er wird für immer ungefähr so bleiben, und er wird immer von Menschen, die sich um ihn kümmern, abhängig sein.

Es ist schon merkwürdig, wie schnell sich die Menschen anpassen können. Im Guten wie im Bösen. Einige Jahre lang drehten sich unsere Gespräche und alles in unserem Leben um Oskar. Er wurde ein fröhlicher und liebevoller Bursche. Aber er war unberechenbar und gefährlich für sich selbst und für andere. Wir haben das ganze Haus entsprechend umgebaut. Er bekam ein besonderes Bett und einen besonderen Stuhl. Alle Sachen wurden außerhalb seiner Reichweite oder hinter verschlossenen Türen aufbewahrt.

Überall wurden Schlösser und Sperren eingebaut. Sogar am Kühlschrank und an der Gefriertruhe, deren Inhalte Oskar sonst gerne um vier Uhr morgens über den Fußboden verteilte. Verschließbare Gittertüren und Sicherheitsglas im ganzen Haus. Einen hohen Zaun um den ganzen Garten. Ein besonderes Auto. Einen besonderen Buggy. Besondere Spielsachen.

Als Oskar drei Jahre alt wurde, kam seine kleine Schwester Nelly auf die Welt. Sie entstand, bevor mir klar wurde, wie schwer Oskars Entwicklungsstörung tatsächlich war. Wir mussten Nelly vor ihrem Bruder schützen. Clas und Oskar zogen in die Kelleretage um. Die Mädchen und ich und auch meine älteren Kinder, wenn sie zu Besuch kamen, bewohnten das übrige Haus. Wenn die ganze Familie da war, hielten wir uns meist im Freien auf und auch mal drinnen, wenn es funktionierte. Unser Leben wurde immer absurder.

Ich sagte weiterhin: »Wir müssen es noch ein bisschen länger versuchen.« Denn eine Mama darf nicht einfach aufgeben. Eine Mama gibt alles. Alle vernünftigen Eltern kümmern sich selbst um ihre Kinder. Nur die schwachen und unwissenden geben auf. Ich bin stark und voller Liebe. Clas war anderer Meinung. Wir waren gegeneinander. Und dann geschah etwas Grauenvolles. Und das führte dazu, dass das Bild von den ewig guten und unerschütterlichen Eltern, an das ich mich immer noch klammerte, zerbrach.

Clas und Kristin, fünf Jahre, fuhren in die Stadt, um einzukaufen. Sie wollten nur ein paar Stunden wegbleiben. Ich war allein im Haus mit Oskar, vier Jahre, und Nelly, die damals fast ein Jahr alt war. Sie konnte sich seit Kurzem hinstellen und auf wackeligen Beinen stehen. Alle Außentüren und Fenster waren verschlossen, und Oskar konnte sich im Haus frei bewegen.

Ich wollte Nelly baden und stellte sie dazu in die Badewanne. Ich drückte den Stöpsel nach unten und ließ Badewasser einlaufen. Kurz verließ ich das Badezimmer, um etwas aus der Küche zu holen.

Nach einer Minute wollte ich wieder ins Bad. Aber die Tür war zu. Ich drückte den Griff nach unten, die Tür war von innen abgeschlossen. Oskar war da drinnen und plapperte fröhlich vor sich hin. Er war hineingegangen und hatte unbeabsichtigt die Tür abgeschlossen. Wir konnten nicht kommunizieren. Ich hörte, wie das Wasser in die Wanne lief, und ich hörte Nelly, die wie am Spieß schrie.

Ich bekam Angst. Ich wurde wütend. Ich war verzweifelt. Ich geriet in Panik. Ich drehte durch. Ich krempelte die Ärmel meines Hemdes hoch und bildete mit der rechten Hand eine Faust. Dann hämmerte ich wie wild gegen die Sperrholztür, bis ein Loch entstand. Ich presste meinen Arm hindurch, drehte den Schlüssel um und zog den Arm wieder zurück. Dann warf ich die Tür auf, stürzte zur Badewanne und hob Nelly schnell hoch.

In dem Moment kamen Clas und Kristin durch die Außentür. Sie blieben wie angenagelt im Flur stehen und starrten uns an. Welch ein Anblick war das bloß! Eine Badezimmertür mit einem grotesken Loch. Eine Mutter mit einem blutenden Arm und ein nasses, weinendes Kind auf ihrem Arm. Und Oskar, der lachend umherhüpfte.

»Was ist passiert?«, wunderten sie sich, und ich berichtete.

Clas seufzte und antwortete etwas verwirrt: »Warum hast du nicht das Brecheisen geholt?« Kristin kam zu mir und nahm meine beiden Hände in ihre. Sie sah mir lange in die Augen: »Wie mutig du warst, Mama!«

An diesem Abend weinten wir beide, Clas und ich. Zusammen. Wir waren schockiert, froh und erleichtert, dass es trotz allem gut ausgegangen war. Aber wir kapitulierten auch und waren uns einig: »Wir schaffen es nicht mehr. Wir brauchen Hilfe.«

Es war eine große und traurige Sache, erkennen zu müssen, dass es so nicht weitergehen konnte. Gleichzeitig war es aber auch eine Erleichterung und eine Befreiung, sich zu trauen, dies einzusehen.

Nach diesem Abend änderte sich unser Verhalten zueinander und zu den Gesundheitsbehörden. Wir fingen gemeinsam an, nach einer Lösung zu suchen, bei der es Oskar und auch uns besser gehen würde.

Mein stolzes Bestreben, der Situation um jeden Preis allein Herr zu werden, warf ich über Bord. Aus unserem »Es wäre nett, wenn wir ein wenig Entlastung bekommen könnten« wurde jetzt: »Wir brauchen Hilfe. Sofort.«

Ich habe viele Eltern kennengelernt, die sich genau wie ich bis zum Schluss nicht eingestehen, dass mit ihrem Kind etwas nicht in Ordnung ist. Und ich habe auch Eltern getroffen, die genau wie ich mit allen Mitteln kämpfen, um es allein zu schaffen. Eltern, die ausgesprochen tüchtig sein und keine Hilfe in Anspruch nehmen wollen. Auch wenn der Preis erschöpfte, kaputte oder gar getrennte Familien sind.

Als Oskar zehn Jahre alt wurde, zog er von zu Hause aus. Mithilfe der Behörden fanden wir eine Unterkunft für ihn und haben fünf therapeutisch ausgebildete Betreuer mit aussuchen können, die sich nun rund um die Uhr um Oskar kümmern. Es sind alles ganz fantastische Menschen, die sich sehr engagieren und um Oskar verschiedene Routinen aufgebaut haben, die wir als Eltern niemals so hinbekommen hätten. Sie haben ihm Zeichensprache beigebracht, und er hat gelernt, einen Computer zu benutzen, sodass er mit seiner Umgebung kommunizieren kann. Sie kümmern sich alle darum, dass er jeden Tag stimulierende Sachen erleben und ein würdiges Leben führen kann. Wir vertrauen ihnen voll und ganz und sie uns genauso. Wenn wir Eltern und die übrige Familie uns mit Oskar treffen, sind alle ausgeruht und fröhlich. Wir geben ihm unsere Liebe, und er gibt uns seine. Dann winkt er zum Abschied und will wieder zurück in sein Zuhause.

Kein behindertes Kind ist wie das andere. Es gibt heutzutage Unmengen an unterschiedlichen Diagnosen und die Abstufungen zwischen ihnen sind unendlich. Auch die betroffenen Familien sind alle verschieden.

Manchmal bin ich ganz dankbar, dass Oskar so stark behindert ist, dass es keinen Zweifel gibt, dass er niemals so sein wird wie andere Menschen. Deswegen konnte ich ziemlich früh meine Träume und Fantasien darüber, was er als Mensch noch alles erreichen könnte, loslassen. Es kann wesentlich schwieriger sein, wenn man ein Kind mit einer weniger deutlichen Diagnose hat. Der Prozess an sich ist aber immer noch der gleiche. Du musst begreifen und dir eingestehen, dass dein eigenes Kind all deinen Anstrengungen zum Trotz niemals so funktionieren wird wie die meisten anderen Menschen. Gleichzeitig musst du ertragen, dass andere Menschen nie richtig verstehen können, wie das Leben mit einem behinderten Kind ist und sich anfühlt.

Durch die Entspannung, die letztendlich folgt, wenn du dein Kind so annehmen kannst, wie es ist, wird es dir leichter fallen, das liebevolle Engagement, welches in großen Mengen erforderlich ist, aufzubringen.

Ein Vater von drei Kindern hatte eine gesunde Tochter und zwei schwerbehinderte Söhne. Wir lernten uns bei einem Treffen mit anderen Eltern von Kindern mit ganz unterschiedlichen Behinderungen kennen. Er fiel auf, weil er säuerlich, wütend und missvergnügt auf fast jedes unserer Gesprächsthemen reagierte. Die Schule war schlecht. Der Fahrdienst mangelhaft. Die Versicherungen zahlten zu wenig. Die Betreuer kümmerten sich nicht richtig. Die Therapeuten noch weniger. Kurz gesagt: Nichts war so, wie es sein sollte.

Seine Stimme war grell und anklagend, und er fand immer einen kritischen Blickwinkel, egal, worüber wir redeten. Sicherlich war an seiner Kritik vieles berechtigt, aber die Stimmung bei unserem Treffen wurde gedämpft und nervös. Letztendlich wagte sich eine kleine, demütige und eher stille Frau hervor und meldete sich zu Wort. Sie schaute dem Vater mit ihrem warmen und respektvollen Blick direkt in die Augen: »Ich verstehe, dass du sehr zornig bist. Ich glaube, dass du zornig bist, weil du zwei Söhne mit so schweren Behinderungen bekommen hast. Es muss eine sehr große Enttäuschung für dich sein.«

Da füllte sich der Raum mit Liebe und Mitgefühl, und der Mann begann zu weinen. Wir waren alle erleichtert, weil er nun weinen konnte, und ließen auch unseren Tränen freien Lauf. Danach wurde unser Gespräch wärmer, ehrlicher, und wir konnten uns darauf einlassen, uns gegenseitig zu stützen. Alle trugen wir das Gefühl in uns, dass es verboten ist, seine Trauer und Enttäuschung zu zeigen. Der Mann mit den beiden Söhnen erzählte: »Wenn ich meinen Freunden erklären will, wie traurig ich wegen der Jungs bin, sagt sofort jemand: ›Es ist ja wirklich ein Glück, dass ihr noch Sara habt. Sie ist gesund und so hübsch.‹ Man darf sich irgendwie gar nicht beklagen. Und kein Mensch möchte ja wie ein säuerlicher Jammerlappen dastehen. Aber es ist wunderbar befreiend, sich seiner Wut oder Enttäuschung darüber, dass das Leben nicht so wurde, wie man geplant oder geträumt hatte, hingeben zu können.«

Es ist selten, dass man eine bestimmte Person dafür anklagen kann, dass man selbst ein behindertes Kind bekommen hat. Die Gefühle verteilen sich eher in verschiedene Richtungen. Und wenn man sie nicht herauslässt, kann man körperliche

Schmerzen bekommen oder krank werden. Es ist einfach schmerzhaft, dass das Leben so ungerecht sein kann.

Egal, welchen Grad der Behinderung dein Kind hat, wirst du als Mutter oder Vater eine Frustration in dir spüren, die du zulassen musst. Die Liebe zum Kind wird dadurch nicht beeinträchtigt. Vielleicht sogar im Gegenteil. Genau wie ein kleines Kind möchte ich verstanden werden. Wenn ich merke, dass andere Menschen ertragen können, dass ich traurig bin, ohne dass sie eingreifen oder sofort versuchen, mich wieder fröhlich werden zu lassen, kann ich mich entspannen. Das Weinen wird irgendwann aufhören, und daraus wächst eine reife und starke Lebensfreude hervor. Und ich kann dann sehr gut damit leben, dass ich enttäuscht und traurig über mein Kind bin, während ich gleichzeitig stolz und froh bin, dass ich ihn und meine anderen Kinder habe.

Ein behindertes Kind zu bekommen ist eine große Anstrengung und Herausforderung. Alles spitzt sich zu, und die Einsamkeit, die wir alle in uns spüren, wird greifbar. Trotz alledem muss man den Mut aufbringen, um Hilfe zu bitten und diese auch anzunehmen!

∾

Wenn das Leben zum Chaos wird, gibt es
nichts mehr, was man noch beweisen muss.
Nichts wurde so wie geplant.
Ich kann das Planen einstellen und das Beste
machen aus dem, was noch kommt.

∾

Der Durchbruch.
Der allererste Schritt
ins Teenageralter

Der Durchbruch

Als Kristin elf Jahre alt war, reisten wir auf einer Fahrt durch Schweden mit der ganzen Familie Richtung Süden. Es war Hochsommer, und an einem der allerschönsten Sonnentage gingen wir an einen gut besuchten Badestrand. Dort schafften wir uns, wie so oft schon geschehen, ein eigenes kleines Zuhause am Strand, mit Decken, Handtüchern, Picknickkorb, Büchern und Spielsachen. Kristin spielte mit ihrer kleinen Schwester Nelly im Wasser, und sie lachten und waren glücklich. Genau so herrlich glücklich, wie man nur sein kann, wenn der Himmel blau, die Sonne warm und das Wasser erfrischend ist und die Lebensgeister weckt.

Ich war auf einen großen Stein geklettert und filmte sie alle zusammen. Als ich mir nach langer Zeit einmal wieder diesen Film anschaute, wurde mir mit aller Deutlichkeit klar, dass ich einen Augenblick im Leben, in dem es an absolut gar nichts fehlte, auf Zelluloid gebannt hatte.

Die Kinder sind unbekümmert und spielen vergnügt. In der Kühltasche gibt es jede Menge leckere Sachen und kalte Getränke.

Wir Eltern sind entspannt und zugänglich.

In einer kurzen Sequenz des Filmes sieht man Kristin, wie sie auf dem Bauch im Sand liegt, ihr Kopf ruht auf ihren Händen. Sie schaut mit einem großen und offenen Lächeln direkt in die Kamera und sagt: »Ich werde nie, niemals von Zuhause wegziehen. Ich werde immer bei Mama und Papa leben. So soll es sein!« Sie sagt es mit einer solchen Überzeugung und Selbstverständlichkeit, dass es felsenfest und wahrhaftig erscheint. Und das ist es auch. In genau dem Moment. Ihr Vertrauen und ihre Liebe zu uns Eltern sind so groß, dass

sie das Leben, genau so, wie es gerade ist, für immer genießen möchte.

Ein paar Jahre später saßen wir zu Hause am Esstisch. Wir
plauderten und tauschten uns über die verschiedenen Dinge,
die im Laufe des Tages geschehen waren, und über unsere
Pläne für die nahe Zukunft aus. Mitten im Gespräch schob Kristin plötzlich mit großer Heftigkeit ihren Stuhl vom Tisch weg,
und ihr Gesicht nahm einen sehr überraschten Ausdruck an.
So wie man manchmal aussieht, wenn man gerade eine ganz
neue Entdeckung gemacht hat. Ein Aha-Erlebnis. Sie betrachtete ihren Vater ganz genau von oben bis unten und stellte ganz
trocken fest: »Bisher dachte ich immer, dass du alles weißt und
kannst und dass du immer recht hast. Aber jetzt weiß ich, dass
es nicht so ist!« Auf diese Weise beendete sie ruhig und gefasst
den Teil ihres Lebens, in dem sie sich auf die Erwachsenen
verlassen und sie in allen Bereichen als die wichtigsten Auto-
ritäten angesehen hatte. Der Durchbruch war sonnenklar. Sie
hatte ihren ersten Schritt ins Teenageralter gemacht.

Obwohl ihre Abnabelung ruhig und würdevoll voran-
schritt, musste Papa Clas hin und wieder stillschweigend
schlucken und einige Male tief durchatmen. Innerhalb weniger Sekunden, nur durch ein paar scharfsinnige und gut
gewählte Worte, wurde er vom Sockel gestoßen. Es ist für
uns Eltern keine leichte Situation, und die mütterlichen und
väterlichen Gefühle können von der puren Erleichterung bis
zur Verzweiflung alles umfassen.

Es wird nun Zeit, sich als Eltern mit einer ganz neuen Rolle abzufinden, in der man für das Kind nicht mehr von so
großer Bedeutung und auf der anderen Seite *gefühlsmäßig bedeu-
tungsvoller ist als je zuvor.*

Nicht alle Kinder schaffen es, diesen Schritt genauso leicht und undramatisch zu machen, wie unsere Kristin es tat. Für die meisten Kinder gilt aber, dass sie anfangen, in unterschiedlicher Weise von den Eltern Abstand zu nehmen, um allmählich ihre eigenen Spielregeln aufzustellen. Eigene Ansichten, eigene Gedanken, eigenes Zimmer, eigene Freunde, eigene Entscheidungen.

Es ist ein mühsamer, manchmal auch schmerzhafter, aber ein natürlicher Prozess, der in gewisser Weise eine Neugeburt des Kindes – in einen neuen Körper, ein neues Leben – aufzeigt. Das lebendige, herrlich duftende Kleinkind, das gerade erst auf dein Knie geklettert kam, um geknuddelt und geküsst zu werden, macht auf einmal seine Tür zu, dreht die Musik auf volle Lautstärke, zieht nur noch schwarze Klamotten an und schreibt Gedichte über die verlorene Liebe. Das Leben wird, buchstäblich gesehen, schwarz oder weiß, Moll oder Dur, und es ist fast unmöglich, dem Kind in all seinen widersprüchlichen Wegbiegungen zu folgen.

Als mein ältester Sohn die ersten Schritte ins Teenageralter machte, tat er es mit Krach und Getöse. Er ließ seine Haare bis zur Taille wachsen, zerschnitt seine Jeans, spielte Hardrock und suchte sich neue und spannende Freunde. Vor allem umgab er sich gerne mit Typen, die mir nicht gefielen.

Hätte ich damals verstanden, dass dies nur ein notwendiger Schritt seines Abnabelungsprozesses war, hätte ich nicht mit purem Entsetzen reagiert. Heute ist mir klar, dass er in seiner eigenen Weise versuchte, von den Ansichten, Gedanken und Ideen, die ich über ihn und unsere Familie hatte, Abstand zu nehmen. Er wollte sich losreißen, um sich frei zu fühlen und seinen eigenen Weg zu finden. Aber ich wurde sauer und wütend, z. B. weil er seine Hosen zerschnitt. Dann schrie ich ihn an, dass er die Musik leiser stellen solle, und ich kritisierte seine Wahl neuer Freunde. Ich wollte weiterhin genauso viel Kontrolle über ihn haben wie früher. Aber meine Reaktion hatte die entgegengesetzte Wirkung. Denn so war er ja gezwungen, sich *noch mehr* anzustrengen, um seinen eigenen Weg zu finden. Er zog sich von mir zurück. Und ich reagierte wieder, indem ich mich auch von ihm zurückzog. Wir waren zwei Teenager, die gegeneinander ankämpften.

Voller Ernst dachte ich, dass er sich merkwürdig verhielt, und meine Strategie zielte immer darauf ab, ihn davon zu überzeugen, dass er einen anderen und besseren Weg wählen solle. Einen Weg, der mir gefiel.

Da die meisten Kinder in dieser Phase ihres Lebens von einer unerhörten Energie und Sehnsucht danach, auf eigenen Füßen zu stehen und sich in ihrem neuen Körper zurechtzufinden, vorangetrieben werden, verhedderten wir uns immer mehr in einer konfliktbeladenen Beziehung zueinander.

Nicht eine Sekunde begriff oder akzeptierte ich, dass er gezwungen war, sich von uns Eltern zu befreien. Und da er wusste, dass ich ihn, so wie er war, nicht mochte, fing er an, seine verschiedenen Unternehmungen geheim zu halten und sich von uns fortzuschleichen. Anstatt zu versuchen, eine auf Gegenseitigkeit beruhende Beziehung herzustellen, machte ich es zu meiner Aufgabe, ihn und seine – in meinen Augen – Dummheiten zu entlarven.

Der Durchbruch und der erste Schritt ins Teenageralter können sowohl für die Kinder als auch für die Eltern eine verwirrende Zeit werden. Leicht lässt man sich dazu verleiten, das

neue Verhalten des Kindes als Angriff gegen die Erwachsenenwelt bzw. die eigenen Eltern anzusehen. Der Prozess an sich
beinhaltet aber im Grunde genommen nur eine notwendige
Abnabelung. Wenn wir mit unserer Kritik am neuen Verhalten
unserer Kinder etwas voreilig sind, dann ist die Gefahr groß,
dass sie unsere Fantasien und Ängste wirklich wahr werden
lassen und sich gegen uns wenden.

Wir haben alle unsere eigenen Erfahrungen mit diesem
Prozess gemacht. Wenn Erwachsene mir aus ihrem Leben
berichten, behaupten die allermeisten, dass diese erste Phase
des Teenageralters die schwierigste Zeit ihres Lebens war. Einsamkeit, Orientierungslosigkeit, Unruhe und chaotische Gedanken prägten ihr Innenleben. Ihre Eltern versuchten in aller
Unwissenheit, den Prozess zu stoppen, oder zogen sich aus
der Beziehung zum Kind ganz und gar zurück. Trotz unserer
eigenen Erfahrungen mit diesem Entwicklungsprozess kann
es sehr schwierig sein, unseren eigenen Kindern in dieser
Phase zu begegnen. Die Gesellschaft hat sich verändert, und
die Wege der Befreiung sehen heute anders aus als in unserer
eigenen Jugend.

Verschiedene Eltern haben mir diese Schwierigkeiten an einigen ganz klaren Beispielen beschrieben:

»Lisa war immer ein fröhliches Mädchen, sie kam in der
Schule sehr gut mit und hatte viele Freundinnen. Sie ist noch
dazu begeisterte Fußballspielerin und Skiläuferin. Wir haben
stets viel Wert auf einen lockeren Umgang innerhalb unserer Familie gelegt, und Lisa war uns gegenüber immer positiv und offen. Aber eines Tages war sie für uns plötzlich
irgendwie nicht mehr erreichbar. Sie hatte einen ganz neuen
Freundeskreis gefunden, der ständig zusammen unterwegs

war und komische Sachen machte. Wenn Lisa dann mal nach Hause kam, schloss sie sich in ihrem Zimmer ein und redete nicht mit uns. Sie war wie ausgetauscht. Wir versuchten alles, um mit ihr in Kontakt zu treten, aber manchmal war dieses Unterfangen komplett unmöglich.«

»Eines Tages färbte unser Sohn seine Haare schwarz. Danach wurde alles irgendwie schwarz. Schwarze Kleidung. Schwarzes Halsband. Schwarze Schuhe. Schwarze Gedanken. Sogar die Augen wurden schwarz. Es geschah wie von einem Tag auf den anderen. An einem Tag hörte man aus seinem Zimmer noch leichte, fröhliche Popmusik, und am nächsten Tag dröhnte depressiver, aggressiver Hardrock aus den Lautsprechern. Je mehr Fragen wir ihm stellten, umso lauter wurde die Musik.«

»Marcus verschwand in seinem Zimmer und hing nur noch am Computer. Es gab nur noch den Computer und ihn. Ihn und seinen Computer. Bis dahin hatten wir uns immer viel unterhalten und oft Spaß miteinander gehabt. Aber jetzt war er auf einmal still und in sich gekehrt. Ich bekam Angst und befürchtete, dass er darin hängen bleiben würde. Wenn ich aber versuchte, ihn aus dem Zimmer zu locken, verschloss er die Tür.«

»Jenny fing auf einmal an, herumzuschreien und zu schimpfen und bei jeder sich bietenden Gelegenheit einen Streit anzufangen. Egal, welche Lösungen ich zu diesem oder jenem vorschlug, sie war immer anderer Meinung. Und egal, wie wir es wendeten und drehten, sie musste um jeden Preis recht bekommen.«

Bei meinem jüngsten Kind, Nelly, begriff ich allmählich, was dieser Prozess beinhaltet. Erst jagte ich sie und versuchte, den Kontakt zu ihr zwanghaft aufrechtzuerhalten. Wenn sie von der Schule nach Hause kam, stürmte sie sofort nach oben und drehte die Musikanlage auf. Ich wollte zeigen, dass ich an ihrem Leben interessiert bin, und stürmte hinterher. Über meine Fragerei regte sie sich aber nur auf, und wenn ich überhaupt Antworten bekam, dann nur sehr kurze. Schließlich sah ich ein, dass ich mich ihr in ihrem derzeitigen Zustand mit Respekt nähern musste, ohne meine Verantwortung als Erwachsene und damit auch sie fallen zu lassen. Das erforderte seine Zeit, viel Geduld und bewusst gesuchte Nähe.

Die Wende

Zu der Zeit, als Nelly ihren ersten Schritt ins Teenageralter unternahm, installierten wir einen Kaminofen in unserem Haus. Es war Herbst, und Clas und ich träumten davon, wie wir uns abends vor dem Kamin wärmen würden, anstatt Fernsehen zu schauen. Wie gesagt, so getan. Jeden Abend zündeten wir das Feuer an und kochten Tee.

Wir machten es uns in je einem dicken Sessel gemütlich und genossen das Knistern des brennenden Holzes und die Stille. Nelly verschwand weiterhin in ihr Zimmer und hörte Musik, telefonierte oder chattete im Internet. Aber am siebten Abend geschah etwas Magisches, das mich begreifen ließ, wie wichtig diese erste Phase des Teenageralters ist.

Nelly hatte natürlich bemerkt, dass wir unsere Abende jetzt in aller Gemütlichkeit vor dem Ofen verbrachten. An diesem siebten Abend kam sie und setzte sich still neben uns. Wir sahen alle gemeinsam ins Feuer und schwiegen. Nach einer langen Zeit fing sie an zu reden. Sie erzählte von der Schule, von ihren Freunden, von ihren Gedanken, Gefühlen und Überlegungen. Sie erzählte von all dem, wonach ich gefragt, aber worauf ich keine Antworten bekommen hatte. Und wir beide saßen da und hörten ihr mit sperrangelweit geöffneten Herzen zu. Wir haben keine Fragen gestellt, keine Ansichten präsentiert, sie nicht verurteilt oder gewertet. Wenn sie uns Fragen stellte, haben wir natürlich geantwortet. Leise und ohne Forderungen oder Erwartungen. Sie teilte ihr Innerstes mit uns. Nicht alles, aber doch so viel, dass wir mit ihr fühlen konnten. Sie weinte und sie lachte, und sie wunderte sich über Sachen, die ihr ungerecht und falsch vorkamen. Wir zeigten ihr keine Lösungen auf, sondern bestätigten sie darin, dass das, was sie sagte, fühlte und dachte, vollkommen o.k. war.

Nach diesem und vielen weiteren Abenden vor dem Kaminofen habe ich verstanden, dass wir als Eltern manchmal nur still dasitzen und für sie zugänglich sein mussten. Nelly konnte sich dabei frei fühlen und selbst entscheiden, ob und wann sie zu uns kam. Unser neu ausgelebtes Bedürfnis, einfach dazusitzen und nichts zu tun, stellte ihren Bedarf nach passiver Aufmerksamkeit zufrieden. Wir kehrten ihr nicht den Rücken oder leerten während des Gesprächs die Spülmaschine, blätterten in der Zeitung oder zappten am Fernseher. Wir zeigten deutlich, dass wir da waren und dass wir ihr gerne zuhörten.

Der Durchbruch ins Teenageralter ist in der Tat fast wie eine Schwangerschaft mit nachfolgender Geburt. Es half mir sehr, Nelly in dieser Weise zu betrachten. Sie sollte sich selbst als Teenager neu auf die Welt bringen und wurde dabei genauso verletzlich, zart, suchend und verwirrt wie ein kleines, neugeborenes Kind.

Und ich konnte mich selbst als frischgebackene Mutter betrachten! Diejenige, die die Verantwortung trug, für eine bequeme Umgebung, Schutz und Unterstützung zuständig und immer zugänglich war. Ich musste auch damit zurechtkommen, dass die sich selbst Gebärende mich mal anschrie und mir die Schuld für ihre Schmerzen aufbürdete. »Ihr begreift ja rein gar nichts!« oder »Ich hasse euch!« oder »Alle anderen Eltern sind viel besser als ihr!«.

Als erfahrene Mutter weiß ich, dass es vorübergeht. Und dass es nichts bringt, wenn ich zurückschreie. Keine Schwangerschaft, keine Geburt gleicht der anderen. Und kein Durchbruch ins Teenageralter gleicht dem anderen. Sogar zeitlich können die Variationen sehr groß sein. Für manche geht alles ganz schnell, innerhalb weniger Wochen bzw. weniger Monate. Für andere dauert es ein Jahr oder länger. Wenn der Durchbruch dann aber überstanden ist, kommt die nächste Phase des Teenageralters, die oft viel ruhiger verläuft, da hoffentlich sowohl die Eltern als auch das Kind sich damit abgefunden haben, dass eine Veränderung stattgefunden hat.

Der Grund, warum ich in diesem Buch über den Durchbruch ins Teenageralter schreibe, ist, dass ich selbst mit der Zeit eingesehen habe, dass es von Vorteil ist, wenn man darauf vorbereitet ist. Für uns als Eltern ist diese Zeit, in der die Entwicklung des Kindes sich in einem großen Wandel befindet, sowohl mit Trauer als auch mit Freude beladen. Sind wir darauf eingestellt und wissen, dass dieser Prozess unvermeidbar ist, können wir in einer ganz anderen Weise daran teilhaben. Dann wird alles viel einfacher. Die totale,

ergebene Liebe, die wir von unseren Kindern erfahren konnten, als sie noch klein waren, wird nie wieder zurückkehren.
Jetzt fängt etwas ganz Neues an. Wir werden erleben, wie
unsere Kinder eine allumfassende innere und äußere Wand-
lung durchleben.

Teenager zu werden ist vielleicht die größte aller Lebensre-
volutionen! Unsere Kinder sollen sich selbst und ihre eigenen
Wege zur Liebe und zum Sinn des Lebens finden.

Bei Nelly dauerte die intensive Phase der Durchbruchszeit
ein gutes Jahr. Da wir als Eltern zu zweit waren, konnten wir
uns in dieser Zeit gegenseitig stützen.

Unsere wichtigsten Strategien habe ich hier zusammenge-
fasst:
- Wenige, aber klare Richtlinien.
- Große Toleranz gegenüber Fehlverhalten, Fehlurteilen
  oder Unordnung.
- Respekt gegenüber den Bedürfnissen der Jugendlichen
  nach Intimität. Wir müssen nicht alles wissen.
- Darauf hinweisen, wenn etwas schiefläuft. Nie bestrafen.
  Dass Nelly von uns Abstand nimmt, bedeutet nicht, dass
  wir von ihr Abstand nehmen müssen.
- Unmengen an Ermunterungen, wenn etwas gut läuft.

Richtlinien:
- Eine feste Zeit fürs abendliche Nachhausekommen. Wir
  wollten wissen, wo Nelly war und mit wem.
- Nelly musste sich melden, wenn sie sich verspätete.
- Sie durfte abends nie allein unterwegs sein. Wenn niemand
  sie nach Hause begleiten konnte, musste sie sich melden,
  und wir holten sie ab.

Wenn Nelly dann doch mal zu spät nach Hause kam, ohne dass sie sich gemeldet hatte, zeigten wir immer zuerst unsere Freude und unsere Dankbarkeit, dass sie wieder da war. Warum sollte sie sonst überhaupt nach Hause kommen wollen?

Am nächsten Tag, wenn alle einmal darüber geschlafen hatten, konnten wir uns in Ruhe unterhalten – ohne jegliche Überreaktionen – und sie darauf hinweisen, dass sie sich nicht an unsere Abmachungen gehalten hatte. Kein Angriff auf sie und somit auch kein Gegenangriff.

Meldete sich Nelly und kündigte an, dass sie etwas später kommen würde, oder kam sie pünktlich zu Hause an, bedankten wir uns bei ihr. »Wie schön, dass du pünktlich bist. Es ist so toll, dass wir uns auf dich verlassen können!«

Es ist gut, sich selbst immer wieder daran zu erinnern, dass wir unser Verhalten wiederholen, wenn wir dafür Lob, Ermunterung und Unterstützung erhalten. Sogar als Erwachsene möchte ich, dass meine Umgebung Verständnis dafür hat, wenn ich mein Bestes tue – egal, was dabei herauskommt.

∾

Im Moment des Zitterns,
wenn die Raupe durch die Schale der Puppe drängt
und leise ihre Flügel entfaltet,
steht die Zeit still.

∾

Nähe

Den Kindern Zeit schenken

Eine Mutter erzählte mir: »An einem Wochenende saß ich abends mit all meinen Kindern zusammen am Tisch und spielte Gesellschaftsspiele. Die Stimmung war locker und fröhlich, und alles fühlte sich einfach herrlich an. Mitten im Spiel sagte ich dann: ›Und was wollen wir morgen machen?‹ Sofort war die wunderbare Stimmung dahin, und alle fingen an, sich verschiedene Sachen zu überlegen. Ich begriff sofort, wie dumm es von mir gewesen war, diese Frage zu stellen. Anstatt den Moment und das Schöne und Gemeinsame zu genießen, redete ich über den morgigen Tag. In dieser Weise verwarf ich ja den Abend, so, wie er gerade war. Unausgesprochen vermittelte ich meinen Kindern das Gefühl, dass es etwas anderes geben musste, das noch besser sein könnte. So, wie es war, war es nicht gut genug.«

Vielen von uns fällt es schwer, uns zu entspannen und im Hier und Jetzt einfach da zu sein. Eines Abends, als meine ältesten Kinder von zu Hause ausgezogen waren, saß ich auf der Couch und blätterte in unseren Fotoalben. Es gab Fotos von ihren Geburtstagen, unseren Urlauben, Schulfeiern, Festessen und gewöhnlichen Tagen. Als ich mir die Fotos so anschaute, spürte ich auf einmal eine verwirrende Sehnsucht. Denn wenn ich versuchte, mich an die verschiedenen Situationen zu erinnern, musste ich mich fragen: »Wo war ich in dem Moment?« Natürlich war ich da, rein körperlich, wie auf den Fotos zu sehen war. Aber ich war nicht immer mental präsent gewesen. Immer auf dem Sprung. Bei der Planung der nächsten Mahlzeit. Dem nächsten Punkt im Tagesablauf. Der nächsten Woche. Dem, was danach kommen würde.

Es ist federleicht, als Eltern der Gegenwart zu entschlüpfen und zu glauben, die Kinder würden sich darüber freuen, dass ich ihnen eine Versprechung für die Zukunft mache. Kleine Kinder haben immer die Fähigkeit, uns ins Hier und Jetzt zurückzuholen, und wenn mir dabei klar wird, dass ich schon wieder ganz weit weg bin, kann ich mich zwingen, innezuhalten und mich selbst daran erinnern, wie wichtig das, was jetzt geschieht, ist. Als mein Enkel Harry, drei Jahre, das erste Mal allein hier bei Oma übernachtet hatte, zogen wir uns am frühen Morgen an und gingen in den Garten hinaus, um zu spielen, und ich sagte zu ihm: »Heute können wir beide noch ein neues Märchenbuch kaufen, und das kann ich dir heute Abend vorm Schlafen vorlesen.«

Harry schaute mich erstaunt an: »Aber es war doch schon Nacht!«

Sofort merkte ich, dass ich einen Fehler gemacht hatte, versuchte aber weiterhin, recht zu behalten.

»Ja, du hast ja recht. Aber es kommt ja noch eine Nacht.«

»Ach so«, meinte Harry. »Zu Hause in Hammarby haben wir nur eine Nacht.«

So machte er mir auf einfache Weise klar, dass es in seinem Bewusstsein die kommende Nacht noch gar nicht gab. Er war vollauf mit dem, was hier und jetzt geschah, beschäftigt und zog es vor, mir zu zeigen, wie er die Treppe bis zum Rasen mit jeweils zwei Stufen auf einmal herunterlaufen konnte.

Ich habe begriffen, dass das beste Geschenk, das ich meinen Kindern machen kann, Zeit ist. Zeit, in der ich voll und ganz da bin. Zeit, in der ich wach und aufmerksam bin und jede Nuance ihrer Bewegungen, ihrer Fragen, ihres Lachens oder ihrer Tränen wahrnehme. Es tut gut, dabei zu bedenken, welch wahre Freude es ist, selbst eine solche Begegnung zu erleben. Beispielsweise wenn der Ehemann oder die Ehefrau, die beste Freundin, der Kollege oder die Therapeutin mir ihre volle Aufmerksamkeit und Neugier widmet.

»Wer bist du?«

»Wie sehen deine Träume aus?«

»Wie geht es dir?«

»Woran denkst du?«

»Ich möchte dich näher kennenlernen!«

Die einfache Tatsache, dass ich als der Mensch, der ich bin, die totale Aufmerksamkeit bekomme, bewirkt, dass mir ganz kribbelig wird und ich wachse und mich stark fühle. Wenn ich mir Mühe gebe und Situationen schaffe, in denen meine ganze Energie auf die Kinder gerichtet ist, fällt es mir auch leichter, in anderen Situationen dem Kind »Nein« zu sagen, ohne dass ich mich dafür schäme oder ein schlechtes Gewissen bekomme.

Es gibt Situationen, in denen ich ablehnend sein *muss*: »Ich habe jetzt gerade keine Zeit. Ich muss das Mittagessen vorbereiten. Oder die Wäsche machen, in Ruhe telefonieren, staubsaugen oder irgendeine andere Arbeit im Haushalt. Du musst warten.«

Für manche Kinder kann ein solches Warten unerträglich sein. Es wird aber auch nicht besser, wenn man dann selbst schreit, meckert oder die Ungeduld des Kindes verurteilt. »Mein Gott, siehst du denn nicht, dass ich beschäftigt bin! Ich habe ja gesagt, dass ich gleich zu dir komme. Wenn du nicht aufhörst zu schimpfen, helfe ich dir überhaupt nicht.«

Solche Ausbrüche meinerseits beseitigen nicht die eventuelle Gereiztheit meines Kindes. Möglicherweise haben sie aber auf meine eigenen aufgewühlten Gefühle eine beruhigende Wirkung. Bei Kindern bis zu einem Alter von vier Jahren ist das Zeitgefühl weder besonders klar noch sonderlich weit entwickelt. Was im Leben des Kindes passiert, geschieht hier und jetzt, und 20 Minuten – egal ob man nach vorn oder nach hinten blickt – können sich für ein kleines Kind wie eine Ewigkeit anfühlen.

Erst im Alter von etwa vier bis fünf Jahren bekommt das Kind allmählich eine klare Zeitvorstellung. Ich kann dann zum Kind sagen: »Ich muss unser Mittagessen kochen, und das dauert so lange wie die Sendung mit dem Sandmännchen, die du im Fernsehen schaust. Danach kann ich dir helfen.«

Bestenfalls funktioniert eine solche Absprache. Schlimmstenfalls muss man das kindliche Missvergnügen aushalten. Warten ist anstrengend, aber es geht vorüber. Um besser zu verstehen, wie das Kind die Zeit erlebt, kann man sich überlegen, wie man sich selbst fühlt, wenn man ganz dringend auf etwas wartet. Einen Zug, der sich verspätet hat, einen Anruf vom Arzt, eine Nachricht einer geliebten Person, oder wenn das Mittagessen zehn Minuten in der Mikrowelle braucht. Ich habe oft erlebt, wie erwachsene Menschen ungeduldig herumstampfen und genervt auf etwas, das scheinbar unwichtig ist, warten. Das Einzige, was hilft, ist, eine warme Hand auf ihren Rücken zu legen und beruhigend auf sie einzureden. Genau wie man es bei den kleinen Kindern tun sollte.

Beteiligung

Alle Kinder, egal, wie alt sie sind, lieben es, sich beteiligt zu fühlen. Es gibt immer irgendeine kleine Aufgabe im Haushalt, die du deinen Kindern übertragen kannst. Wenn sie es von sich aus wollen. Alles vom Sortieren des Bestecks in der Schublade bis zum Kleinschneiden einer Gurke. Ich als Erwachsene sollte dabei ruhig durchatmen und akzeptieren, dass es nicht so genau und perfekt erledigt wird, wie wenn ich es selbst machen würde.

Meine jüngste Tochter, Nelly, erinnert sich immer noch daran, dass sie als Sechsjährige mit Oma Kuchen gebacken hat:»Oma zeigte mir, wie ich den Teig ausrollen und zu einer Brezel formen sollte. Jedes Mal, wenn ich einen Teigklumpen zu einer Brezel verarbeitet und aufs Backblech gelegt hatte, nahm Oma sie sofort wieder herunter und formte selbst eine neue Brezel daraus. Ich fühlte mich missraten und dumm.« Heute können wir über diese kleine Episode zusammen lachen. Aber sie regt zum Nachdenken an. Gibt es viel zu viele solcher Situationen, kann dies zur Folge haben, dass das Kind sich auf Dauer misslungen und allein fühlt. »Alle anderen können und verstehen alles, nur ich nicht.«

Wenn man seinen Kindern Nähe bieten möchte, muss man damit klarkommen, dass das Zuhause nicht immer ganz perfekt sein kann. Als meine jüngsten Kinder noch klein waren, fiel mir selbst auf, dass ich mich häufig entschuldigte, wenn Leute zu Besuch kamen. Die Betten waren nicht immer gemacht. In der Küche herrschte manchmal ein ziemliches Chaos. Spielsachen und andere Gegenstände lagen überall herum.

»Ja, es tut mir leid. Ich habe keine Zeit zum Aufräumen gehabt«, und so weiter.

Eines Tages bekam ich Besuch von einer erfahrenen und klugen Frau. Sie sah mich lächelnd an und antwortete: »Gott sei Dank dafür. Mein Eindruck ist, dass hier Kinder leben und dass sie als solche auch respektiert werden.«

Danach habe ich mich nie wieder für die Unordnung entschuldigt. Stattdessen fing ich an, unser Zuhause als eine lebendige Werkstatt für Kinder und Erwachsene zu betrachten. Als einen Ort, an dem es erlaubt ist, Fehler zu machen und mal die Gabeln in die falsche Schublade zu packen. Ein Zuhause, in dem ein gesundes Chaos herrscht, in dem die Ordnung aber nicht ganz versinkt und wo die Atmosphäre voller Wärme und Vertrauen ist. Es macht einen RIESIGEN Unterschied, ob man mit einer abweisenden Haltung sein Kind anschreit oder ob man auch beim Schimpfen die Nähe zum Kind bewahren kann. Ein Beispiel der Abweisung: »Ich habe dir doch schon tausend Mal gesagt, dass du nach dem Spielen deine Spielsachen wegräumen sollst!« Unausgesprochen lautet die Mitteilung: »Du bist hoffnungslos und missraten. Du entsprichst nicht meinen Erwartungen. Du hilfst nicht mit, dass unser Zuhause so aussieht, wie ich es möchte.« Nun dasselbe Beispiel bei aufrechterhaltener Nähe: »Komm, lass uns zusammen die Spielsachen wegräumen!« Oder: »Ich mache meine Augen zu und zähle bis zehn, mal schauen, wie viele von den Legos du in der Zeit wegräumen kannst!« Hier lautet die unausgesprochene Mitteilung: »Ich glaube an dich. Ich vertraue darauf, dass du dich wirklich an den Aufgaben beteiligen kannst und willst. Und dann wird es hier genauso schön, wie es sein soll.«

Es kam oft vor, dass es mir nicht gelang, meine jüngsten Kinder an den Aufgaben zu beteiligen, obwohl ich sehr wohl wusste, wie wichtig die Nähe und das Vertrauen dabei sind. Da ließ ich auch einfach mal los und sammelte selbst die Spielsachen auf oder ließ sie eben liegen. Ohne dass ich deswegen meckerte oder Wiedergutmachung forderte. Stattdessen versuchte ich, mich daran zu erinnern, dass unser Zuhause eine lebendige Werkstatt ist und dass ich nicht erwarten kann, dass meine Kinder perfekt sind.

Heute sind meine Kinder alle erwachsen, und ich kann mich in aller Ruhe damit beschäftigen, unser Zuhause nach unseren Bedürfnissen einzurichten. Diese Zeit kommt für uns alle irgendwann!

Wenn es mir gelingt, mit den Kindern in ihren Erlebnissen richtig präsent zu sein, ist es für mich auch einfacher, ihren Humor zu erleben und daran teilzuhaben und mich auch selbst zu trauen, spontan und improvisierend zu sein.

Ich traf eine alleinerziehende Mutter von zwei Kindern. Sie arbeitet als Offizierin bei der Luftwaffe und erzählte mir: »Meine Arbeit hat immer einen Großteil meiner Energie in Anspruch genommen, aber so allmählich habe ich gelernt, wie herrlich das Leben sein kann, wenn man sich traut, mit den Kindern präsent zu sein. Mein jüngster Sohn, der vierjährige Ville, hatte letzte Woche ›Kuscheltierpräsentation‹ im Kindergarten. Alle Kinder sollten ihr Lieblingskuscheltier mitbringen und es vorzeigen. Am Abend davor wollte ich ihm dabei helfen, sein Kuscheltier auszusuchen. Aber egal, was ich vorschlug, er schüttelte nur den Kopf. Ich blieb ruhig und wartete ersteinmal ab. Schließlich erhellte sich sein Gesicht, und er sagte: ›Ich möchte DICH mitnehmen!‹

Erst schwieg ich und wusste nicht so recht, was ich antworten sollte. Aber dann überlegte ich. Ich hatte in der letzten Zeit sehr viel gearbeitet, und wir hatten nur wenig Zeit zusammen verbringen können. Es war ja einfach ein genialer Vorschlag, den er hier brachte. Deshalb antwortete ich: ›Ja klar, ich komme mit!‹ Da fügte er noch hinzu: ›Und ich möchte, dass du dich als Clown verkleidest!‹

So kam es also, dass ich, als Clown verkleidet, mitten in den Morgenkreis des Kindergartens hineinstapfte. Ich hatte einen herrlichen Vormittag mit all den Kindern. Und Ville war stolz wie Bolle auf seine tolle Mama.«

Die Mutter überlegte noch weiter: »Im Grunde genommen habe ich mich nur getraut, weil ich auf einmal eingesehen habe, dass das Leben hier und jetzt stattfindet und nicht erst irgendwann später. Gerade in dem Moment war es das Allerbeste, was ich für meinen Ville tun konnte. In ein paar Jahren wird er seine Mama sicherlich nicht mehr mit zu seinen Freunden schleppen – und dann auch noch als Clown verkleidet! Dann sind ganz andere Sachen und Möglichkeiten wichtig. Wenn ich aber möchte, dass er sich an dem Leben und dem Zuhause, das ich geschaffen habe, beteiligt, muss ich auch an seinem Leben teilhaben!«

Wenn die Kinder deutlich spüren, dass es eine Gegenseitigkeit zwischen ihren eigenen Bedürfnissen und denen der Eltern gibt, entsteht ein Zusammenspiel, bei dem die Kleinen und auch die Großen sich am Leben des anderen beteiligen und an ihren jeweiligen Aktivitäten erfreuen können.

Einfach nur da sein

Es erfordert schon ein bisschen Mut, sich als Mutter oder Vater hinzusetzen und mit seinem Kind einfach nur da sein zu können.

Dem Kind gegenübersitzen, wenn es sein Abendbrot isst, und diesen Augenblick genießen. Die Gutenachtgeschichte lesen, ohne auf die Uhr zu schauen. Nicht ans Handy gehen, wenn es klingelt. Einen Raum schaffen, in dem es erlaubt ist, einfach still zu sein. Vielleicht möchte das Kind dir etwas erzählen. Vielleicht will es nur spüren, dass du da bist. Vollkommen gegenwärtig. Nur du und ich.

Ein Mann erzählte mir: »Meine Eltern waren immer sehr beschäftigt, als ich Kind war. Ich erinnere mich hauptsächlich an den Rücken meiner Mutter, wenn sie beim Kochen, Abwaschen oder Putzen war. Sie hatte immer irgendetwas zu tun. Meinen Vater sah ich noch weniger. Er fuhr am frühen Morgen mit dem Fahrrad weg und kam spät nach Hause. Aber im Haus neben uns wohnte meine Großmutter. Und sie hatte immer für mich Zeit. Ich verspüre immer noch eine warme Welle des Wohlbehagens, wenn ich an sie denke. Oft saß ich gemütlich bei ihr auf ihrer Küchenbank. Großmutter saß mir gegenüber, trank ihren Kaffee und hörte mir zu. Es gab immer etwas, das ich ihr zeigen oder erzählen wollte. Und ich genoss es, weil ich genau wusste, dass sie mir immer aufmerksam zuhörte.«

Heute haben nur noch wenige Kinder eine Oma, die im Haus nebenan wohnt. Die Gesellschaft hat sich verändert. Aber das Gespür für die Zeit ist dieselbe. Die Zeit ist da, und es liegt an

uns, uns zu entscheiden, wie wir sie nutzen. Als ich selbst allmählich begriff, wie wichtig es ist, seinen Kindern uneinge-
schränkte Nähe zu geben, fing ich langsam an, meine Haltung
und auch meine Prioritäten zu ändern. Ich stellte fest, dass es
eine Menge ganz natürlicher Gelegenheiten gab, bei denen
ich meinen Kindern meine volle Aufmerksamkeit schenken
konnte. Anstatt den Kopf voller Sachen zu haben, die ich gerade erledigt hatte oder noch machen musste.

Wenn ich Kristin zum Kulturtreff fahren musste, betrachtete ich diese Aufgabe nicht länger als eine Transportstrecke zu
einer ihrer Aktivitäten. Es gelang mir, diese kleine Weile, die
wir zusammen im Auto verbrachten, einfach zu genießen.

Dasselbe galt für die Zeit, in der wir zusammen im War-
tezimmer des Zahnarztes saßen. Es war nicht mehr nur eine
reine Wartezeit, es war eine Gelegenheit, bei der wir zusammen sein konnten. Wenn sie ihre Lieblingssendung im
Fernsehen schaute, setzte ich mich manchmal neben sie, anstatt darauf zu achten, dass ich in der Zeit, in der sie damit
beschäftigt war, jede Menge Sachen erledigen konnte, was
natürlich auch manchmal notwendig war! Du und ich. Wir
teilen uns deine Lieblingssendung. Das hat für ein Kind *große*
Bedeutung.

Anstatt mich wie eine »Curlingmutter«, die für ihr Kind
immer die Bahn frei fegt, zu verhalten, sah ich zu, dass ich dabei war, mit meinem Kind zusammen war. Es war für uns alle
ein Geschenk, dass wir nun die vielen kleinen Momente des
Alltags, die mit Hinbringen, Abholen und Warten verbunden
sind, zusammen genießen konnten.

Es wurde mir auch immer wichtiger, dass wir so oft wie
möglich die verschiedenen Mahlzeiten, besonders das Frühstück und das Mittagessen, zusammen genießen konnten.

Mit ganz geringen Mitteln kann jede solche Gelegenheit zu einem kleinen Fest werden. Oft reichen ein paar kleine Extras, wie eine Kerze anzünden, eine Tischdecke auf den Tisch legen, für jeden ein kleines Herz ausschneiden und auf den Teller legen. Auf diese Weise kann man seinen Kindern zeigen, dass sie geliebt werden. An so etwas erinnern sich die Kinder wahrscheinlich eher als an die Worte, die ich gesagt habe.

Wie groß die Bedeutung dieser Alltagsereignisse ist, verstand ich erst, als ich an einem Tag im August meiner Kristin, 19 Jahre, auf dem Flughafen Stockholm-Arlanda Auf Wiedersehen winkte. Sie hatte ihr Abitur gemacht und ihren letzten Sommer zu Hause bei der Familie verbracht. Jetzt begab sie sich allein in die Welt hinaus, um ein Jahr lang in London zu arbeiten. Und auch wenn ich wusste, dass sie viele, viele Male nach Hause zurückkehren würde, war mir klar, dass es nie wieder wie vorher sein würde. All unsere gemeinsamen Tage, die verschlafenen Gesichter am Frühstückstisch, die kleinen Neckereien im Vorübergehen, die vielen Fahrten zu Freunden und verschiedenen Aktivitäten, die ruhigen oder auch mal hitzigen Diskussionen am Mittagstisch waren ein abgeschlossenes Kapitel. Ich stand da am Flughafen und weinte ganze Tränenflüsse, denn es war zugleich traurig und schön, zu sehen, wie sie sich auf den Weg machte. Die Erinnerungen, die mir am deutlichsten erschienen, waren genau diese kleinen und feinen Momente des Alltags. All das Lachen und all die Tränen, die wir zusammen erlebt hatten. In ihnen lag eine tiefe und ewige Liebe. Die grandiosen Feste, die wunderbaren Urlaubsreisen oder die kostspieligen Geschenke, die es hier und da gegeben hatte, waren nur noch vage Schatten am Horizont. Die Traurigkeit, die ich verspürte, war nicht dadurch bedingt, dass ich ihr nicht alles hatte geben können, was sie sich gewünscht hatte. Ich war traurig wegen der vielen verpassten kleinen Momente, in denen es mir nicht gelungen war, ihr meine Aufmerksamkeit zu schenken. Die Freude, die ich verspürte, lag in den Erinnerungen an die vielen Gelegenheiten, bei denen ich es geschafft hatte, mit meiner Kristin einfach voll und ganz da zu sein.

~

Alles Wesentliche in unserem Leben geschieht
in Zeiten der vollständigen Nähe im Jetzt.
In jeder solchen Minute kann ich sowohl geben
als auch entgegennehmen.

~

Liebe Leserinnen,
liebe Leser

Als ich anfing, dieses Buch zu schreiben, wusste ich, dass es fast unmöglich ist, anderen Eltern zu sagen, wie sie sich ihren Kindern gegenüber am besten verhalten sollten. Bei jedem Kind, das ich selbst kennengelernt und zu dem ich eine Beziehung aufgebaut habe, hat sich meine Einsicht, wie unvorhersehbar und rätselhaft der Mensch ist, weiter vertieft.

Obwohl es heute viel und gutes wissenschaftliches Wissen über die Entwicklung des Menschen gibt, ist jedes neue Kind eine neue Herausforderung. Was bei dem einen Kind gut ist, kann für das andere eine Katastrophe sein.

Man kommt mit nicht weniger aus, als dass man seine eigenen Kinder kennenlernen muss!

Ich möchte euch dazu inspirieren, euch zu trauen, die Kinder als einen Teil eurer eigenen Entwicklung und eures eigenen Reifeprozesses anzusehen. Es gibt keine statischen und perfekten Eltern oder Menschen. Aber aus den allermeisten Fehlern, die du machst, kannst du etwas lernen, und dies kann dich motivieren, es beim nächsten Mal anders zu versuchen.

In jeder Familie gibt es Stunden und Momente, in denen alles ruhig und friedlich ist, oder eben genau so, wie man es sich vorgestellt hat. Diese Augenblicke sollte man genießen! Aber nichts dauert ewig, und hat man Kinder um sich, wird man garantiert in dem Moment überrascht, in dem man es am wenigsten erwartet.

Denkt daran, dass ein gewisser Widerstand und eine gewisse Reibung die Voraussetzungen für jede Weiterentwicklung sind!

Für manche Eltern kann es schwer sein, auf die Aktivitäten zu verzichten, die sie frei ausüben konnten, bevor das Kind da war. Anderen fällt es leichter.

Neulich traf ich einen jungen Papa eines zweijährigen Sohnes, der ohne Probleme vieles aus seinem alten Leben mit Freunden, Fußball, Bier und Fernsehabenden auf die lange Bank schieben konnte. Für ihn war es ganz klar, dass die Zeit mit der Familie nun Priorität hatte. Als ich ihn fragte, wie es ihm dabei ging, antwortete er mit einem Lächeln: »Wenn man Eltern wird, muss man sich einfach zusammenreißen. Als ich Kind war, waren viele meiner gleichaltrigen Freunde traurig, dass ihre Eltern nicht für sie da waren. Für die Kinder spielt es ja keine Rolle, ob ich Überstunden mache oder mit Freunden unterwegs bin. Für sie geht es darum, dass sie möchten, dass Mama oder Papa DA sind. Hier und jetzt.«

Trotz aller Ambitionen, alles richtig zu machen, denke ich, dass alle Eltern schon mal das Gefühl hatten, etwas sei schiefgelaufen. Vor langer Zeit las ich eine Geschichte, die ich als Leitstern mit mir getragen habe, wenn ich an meiner eigenen Fähigkeit, eine gute Mutter zu sein, gezweifelt habe. Sie geht in etwa so:

Ein weiser Mann wandert mit seinen Kamelen und seinem Kamelhüter durch die Wüste. Abends kommen sie an eine Oase, in der sie übernachten wollen. Der Kamelhüter lässt die Kamele frei herumlaufen, setzt sich in sein Zelt und betet darum, dass sie nicht verschwinden. Der weise Mann geht zu ihm und unterbricht sein Gebet mit den Worten: »Es reicht nicht aus, Gott zu bitten, dass die Kamele morgen noch da sein mögen. Du musst auch selbst tätig werden. Gott hat nur deine Hände. Du musst die Tiere nachts alle anbinden. Sicherlich könnte trotzdem jemand kommen, den Strick durchschneiden und sie stehlen. Aber dann haben wir unser Bestes getan. Den Rest müssen wir dem Schicksal überlassen.«

Selbstverständlich interpretiere ich die Geschichte nicht so, dass wir unsere Kinder an uns binden sollen! Ganz im Gegenteil. Aber in verschiedenen Situationen mit meinen Kindern hat es mir geholfen, zu denken: Jetzt habe ich mein Kamel angebunden, d. h. ich habe mein Bestes getan. Beispielsweise als Nelly, 17 Jahre, für ein paar Tage wegfahren wollte. Da redete ich eine ganze Weile mit ihr über Sachen, an die sie meiner Meinung nach für ihre Reise denken musste. Und kurz vor der Abreise habe ich noch mal nachgefragt, ob sie die wichtigsten Kleidungsstücke dabeihat, ob das Handy aufgeladen ist, ob sie ihre Fahrkarten hat. Als sie sich mit der Tasche über der Schulter auf den Weg machte, konnte ich mich entspannen und rief ihr hinterher: »Viel Spaß auf deiner Reise!« Ich dachte: Jetzt habe ich ihr genau so viel geholfen, wie ich für nötig hielt. Ich hatte mein Kamel angebunden.

Trotzdem können Sachen passieren, auf die ich keinen Einfluss habe. Ich weiß, dass nicht alles so wird, wie ich es mir vorstelle. Meine Kinder sind einzigartige Individuen mit ihrem eigenen Willen und ihren eigenen Sehnsüchten danach, ihr eigenes Leben leben zu dürfen. Auch sie müssen aus ihren Fehlern lernen. Ich kann für sie immer nur mein Bestes tun, aber ich kann für mich nie beanspruchen, zu wissen, was für sie das Beste ist.

Welch ein fantastisches Abenteuer es ist, Eltern zu sein!

Helena Harrysson